# 26살에
# 1억을 모았습니다

# 26살에
# 1억을 모았습니다

1판 1쇄 인쇄 2025. 1. 9.
1판 1쇄 발행 2025. 1. 16.

지은이 김알밥(박민지)

발행인 박강휘
편집 임여진 디자인 유향주 마케팅 이헌영 홍보 이한솔, 강원모
발행처 김영사
등록 1979년 5월 17일(제406-2003-036호)
주소 경기도 파주시 문발로 197(문발동) 우편번호 10881
전화 마케팅부 031)955-3100, 편집부 031)955-3200 | 팩스 031)955-3111

값은 뒤표지에 있습니다.

ISBN 979-11-7332-040-8 03320

홈페이지 www.gimmyoung.com          블로그 blog.naver.com/gybook
인스타그램 instagram.com/gimmyoung   이메일 bestbook@gimmyoung.com

좋은 독자가 좋은 책을 만듭니다.
김영사는 독자 여러분의 의견에 항상 귀 기울이고 있습니다.

# 26살에 1억을 모았습니다

| 김알밥 지음 |

김영사

# 26살에 1억 벌기 실전 노하우

# 가장 평범한 20대가
# 1억 원을 모으기까지

20대에 1억 원을 저축하겠다는 목표를 세상에 공개했을 때 누군가는 저를 그저 무모한 사람으로 생각했을 거예요. 당시 저는 수입이 많지도, 재능이 특별하지도 않았고, 외적으로나 내적으로나 무엇 하나 뛰어난 것이 없었기에 저의 목표를 코웃음 치며 흘려보낸 사람도 꽤 많습니다. 그런 저를 스스로도 알고 있었기에 목표 선언을 하고서도 진짜 달성할 수 있을지, 어떻게 달성해야 할지 고민이 꼬리에 꼬리를 물고 초조함이 몰려오곤 했습니다.

하지만 저축 목표와 저축해야만 하는 이유는 명확했고, 부족하다고 느끼는 부분은 배워서 채우면 된다고 생각하니 저축 생활이 조금은 더 편하게 느껴지더라고요. 그리고 꼭 세상에 보여주고 싶었어요. 아무것도 없는 평범한 사람도 간절히 노력하면 변할 수 있다는 걸요.

단순하게 보면 제 이야기는 '20대에 종잣돈 마련 성공!'으로 축약할 수 있지만, 25살에서 27살까지 짧다면 짧고 길다면 긴 2년 반이라는 시간 동안 저는 값을 매길 수 없는 귀한 경험을 얻고 삶의 지혜를 배우며 더 나은 인생을 살기 위한 중요한 기반을 스스로 마련했습니다. 만약 저축을 시작하지 않았더라면 지금처럼 만족하는 삶을 살 수 있었을까요?

저축 목표를 세우고 달성하는 건 사실 어렵지 않습니다. 모두가 알고 있듯이 평소보다 덜 쓰고 더 많이 꾸준하게 모으면 성공할 수 있어요. 하지만 그런 사람은 생각보다 찾기 힘들지 않나요? 세상에는 단순할수록 더 실천하기 어려운 방법이 많습니다. 다이어트나 공부처럼, 저축도 성과를 얻는 방법은 매우 단순하지만 그것을 실행하는 사람은 극소수입니다. 그렇기 때문에 사람들은 어떻게든 쉽고 빠르게 성공할 수 있는 노하우에 꾸준히 열광하죠.

누군가는 20대에 한 번뿐인 청춘을 그렇게 아끼고 돈 벌며 보내서 괜찮겠냐며 걱정의 말을 하기도 했어요. "저축은 천천히 해도 된다." "청춘을 즐겨라."라면서요. 물론 또래 친구들이 여행이나 도전을 통해 얻는 것들을 저는 많이 얻지 못했습니다. 하지만 그 대신 저축을 하며 돈을 벌고 쓰고 운용하는 방법에 대해 배웠고, 그것을 기반으로 저만의 덜 쓰기, 더 벌기 노하우를 터득해 결국 좋아하는 일로 자유롭고 안정적인 삶을 살아가는 '특별한 일상'을 얻었습니다.

불과 몇 년 전만 하더라도 저는 제가 어딘가에 소속된 채로 거기서 일한 대가를 받는 게 당연하다고 생각했고, 그 길을 벗어날 수 있다고 생각해본 적이 한 번도 없었습니다. 하지만 저축이라는 과정을 통해 제가 알던 세상이 얼마나 일차원적이고 좁았는지, 어딘가에 소속되지 않아도 돈을 벌 방법이 얼마나 많은지 깨달았어요. 그러면서 자연스럽게 돈의 속박에서 벗어날 수 있었습니다.

이 책을 통해 단순히 저축을 잘하는 방법을 알려주려는 건 아닙니다. 그보다는 여러분이 조금 더 넓은 시선으로 돈을 바라보고, 자신을 바라보고, 자신의 삶까지 바라보며 지금까지 두려워했던 모든 것에 도전할 수 있는 용기와 희망을 얻도록 도우려 합니다.

특별한 사람만 특별한 삶을 사는 건 아닙니다. 스스로 대체 불가능한 사람이 되기 위해 끊임없이 노력한다면 누구라도 자신이 원하는 특별한 삶을 살 수 있어요. 저축이든 부수익 만들기든 그 어떤 것이든 시작하기 전부터 어렵거나 복잡해 보인다며 지레 겁먹거나 포기하지 않으셨으면 좋겠습니다.

누구나 미지의 세계에 발을 디딜 때는 '제로(0)'부터 시작합니다. 모르면 배우고, 만족할 때까지 계속하세요. 모든 분이 돈에 구속받지 않으며 주체적이고 특별한 사람이 되길 진심으로 바랍니다.

# 1장

# 저축 시작

## 0원에서 3,500만 원까지

# 200만 원,
# 이게 내 월급이라고?

    200만 원이라는 금액이 어떻게 느껴지시나요? 많다? 적다? 사람마다 다르겠지만 저는 많지도 부족하지도 않은 최저 생계 비용이라고 생각합니다. 고등학생 때부터 수많은 아르바이트를 하고, 직장에 다녀봤지만 아무리 힘들게 일하더라도 월 200만 원 이상을 받아본 적은 몇 번 없었어요. 그런 점에 실망해 연봉이 높다는 개발자라는 직업에 도전하기 위해 열심히 공부도 하고 학원에서 꽤 우수한 성적을 얻으며 빠르게 취업까지 했지만, 사회에서 저의 가치를 평가하는 기준은 실력이나 능력보다는 학벌이 먼저더라고요.

    그 당시 저의 최종 학력은 고등학교 졸업이었습니다. 그 전까지 제가 하고 싶은 일에서 학벌이 거의 필요하지 않았기 때문에 학벌이라는 게 저에게 영향을 준다는 생각을 한 번도 해본 적이 없었습니다. 그런데 비슷한 시기에 입사한 신입 사원이 4년제를 졸업했다는 이유로 수습 기간 없이 바로 정직원으로 채용되는 걸 보고 처음 그 필요성을 피부로 느꼈고 결국 제 가치는 다시 200만 원이라는 금액에서 멈췄습니다.

  200만 원짜리 사람이 된 기분은 참 별로입니다. 시간이 지나고 성과를 내면 연봉이야 올라갈 수도 있었겠지만, 가치 있는 사람이 되기 위해 열심히 노력했는데 그 결과가 아르바이트를 하는 것과 별반 다르지 않을 때 참 암담하더라고요. 아무리 노력해도 나는 여기까지구나 하는 생각에 마음을 내려놓았습니다. 그래도 맡은 일에 최선을 다했고, 나름대로 사내에서 인정도 받으면서 안정적인 직장 생활을 이어가고 있었는데 어느 날 문득 이런 생각이 들더라고요.
  '10년 뒤에도 나는 매일 졸린 눈을 비비면서 일어나 지하철에서 사람들에게 치이며 출근하고, 똑같은 사무실에서 매일 8시간 이상을 앉아 퇴근만 기다리고 있겠구나.'
  그런 생각이 들기 시작하니 사무실에서 보내는 시간이 점점 아까워졌습니다. '나는 더 많은 걸 할 수 있는 사람인데 직장이라는 곳에 갇혀 되돌릴 수 없는 소중한 시간만 흘려보내고 있는 건 아닐까?' '나중에 시간이 흐른 뒤에도 여전히 여기에 있다면 지금 도전하지 않았던 걸 후회하지 않을까?' 수많은 고민과 질문에 부딪쳤고, 쉽게 답을 내리지 못해 꽤 오랜 기간 혼란스러워하며 회사에 다녔습니다.

차라리 일이 힘들거나, 원하지 않은 일을 했다면 더 쉽게 뿌리치고 나갈 수 있었을 거예요. 하지만 제 직장은 월급은 적더라도 워라밸이 보장된 회사이면서 인간관계나 사내 분위기도 좋았고, 업무도 성향에 잘 맞아 스트레스도 없었기에 현실적으로만 본다면 회사에 머무는 게 맞았습니다. 적은 월급이 문제라면 자격증을 따는 등 '스펙'을 갖춰 더 좋은 직장으로 옮기는 방법도 있었습니다.

하지만 제가 원하는 건 단순히 높은 연봉이 아니었어요. 더 높은 연봉을 주는 직장으로 이직하더라도 주 5일 이상 어딘가에 출근해 시간을 돈으로 바꾼다는 사실은 변하지 않겠다는 생각이 들었습니다. 그러면서도 지금 당장 벗어나고 싶다는 마음 하나로 준비 없이 회사를 나가면 돈이 떨어져 급하게 아무 회사나 가서 결국 지금과 같은 고민을 하겠다 싶더라고요.

도대체 정답이 뭘까 깊이 고민하다 보니 점점 답이 뚜렷하게 보이기 시작했습니다. 놀랍게도 제가 원하는 건 남들이 부러워하는 좋은 직장, 높은 연봉이 아니라 돈에 구애받지 않는 소박하지만 자유로운 삶이었습니다. 그 자유로운 삶을 구체적으로 적어보니 이렇더라고요.

- 작지만 혼자 살기 충분한 내 명의의 집

- 어디로든 훌쩍 떠날 수 있는 자동차

- 기초 생활비 수준의 '패시브 인컴(월세, 배당금, 판매 수익 등 일하지 않아도 자동으로 들어오는 현금)'

자유로운 삶의 조건에 대한 관점은 모두 다르겠지만, 저는 제가 생각하는 자유의 조건이 의외로 소박해서 조금 놀랐습니다. 이전에는 막연하게 멋지고 화려한 집에 좋은 차, 좋은 직장이 있어야 자유로울 수 있다고 생각했어요. 그때는 자유라는 것이 닿을 수 없을 만큼 굉장히 멀리 떨어진 것 같은 느낌이었는데, 이렇게 정리해보니 제가 원하는 건 생각보다 더 소소했어요. 이 정도면 현실적으로 달성할 수 있겠다는 자신감이 생겼고, 자유로운 삶에 도전해볼 만하겠다는 결론을 내렸습니다.

제가 꿈꾸는 자유로운 삶을 다르게 말하자면 '파이어FIRE'를 달성하는 거예요. 파이어란 경제적 자립과 조기 은퇴Financial Independence, Retire Early의 약자로 이를 희망하는 사람들을 '파이어족'이라고 합니다. 쉽게 말해 저는 젊을 때 남들보다 빨리, 돈을 많이 모아서 이른 나이에 은퇴 생활을 누리는 것을 목표로 합니다. 그래서 그 의지를 보여주고자 유튜브 채널 이름을 '김알밥은 파이어족'이라고 지었습니다.

파이어족이 되겠다고 선언은 했지만, 큰돈을 벌어본 적도 써본 적도 없으니 도대체 얼마를 모아야 은퇴할 수 있을지 잘 모르겠더라고요. 10억 원 정도면 괜찮겠지 싶어 첫 목표 은퇴 자금은 10억 원으로 결정했는데 시간이 지나고 보니 숫자는 중요하지 않았습니다.

'파이어족이 되기 위해 뭘 해야 할까? 내가 무엇을 할 수 있을까?' 고민하다가 시작한 게 바로 '절약을 기반으로 한 저축'입니다. 절약을 결심한 첫 번째 이유는 소비를 줄인다면 다른 것을 하지 않아도 즉각적으로 더 많이 저축할 수 있기 때문입니다. 어떤 사람들은 소비를 줄이기보다 투자나 재테크, 부업을 통해 수입을 늘리는 길을 선택하곤 하는데, 주변에서 퇴사한 이후 한번 늘어난 소비를 줄이는 데 애를 먹는 경우를 자주 봤기에 우선 제 소비 습관부터 제대로 바꿔보자고 결심했습니다. 돈 쓰는 것 하나도 스스로 통제하지 못하는데 어떻게 더 어려운 것들을 잘해낼 수 있을까 싶었던 거예요.

# 죽고 싶지 않아
# 돈을 모으기 시작하다

"어린애가 왜 이렇게 돈에 집착해? 그냥 적당히 살아도 괜찮잖아?"

이런 말을 들을 때가 있습니다. 실제로 몇 년 전까지만 하더라도 적당히 일하고 적당히 살면 적당히 행복하리라 생각했고 저축에 큰 욕심이 없었어요. 그러다가 돈이라는 게 얼마나 중요한지 피부로 느낀 적이 있습니다. 이 경험은 제 인생의 전환점이 될 만큼 충격적이었습니다.

저는 대학교를 나오지 않았습니다(직장에 다니면서 학점 은행제로 학위를 취득했는데 딱히 학위가 필요했던 적은 없습니다). 취업을 우선으로 하는 특성화 고등학교에 진학해 졸업과 동시에 어영부영 취업을 했지만, 처음 하는 사회생활에 쉽게 적응하지 못해 금방 퇴사했고 그 어디에도 소속되지 않은 고졸 백수 20살의 인생을 맞이하게 됐습니다.

유치원, 초등학교, 중학교, 고등학교까지 평생을 어딘가에 소속되는 게 당연했습니다. 친구들은 대학 생활을 즐기거나 직장인으로서 사회생활을 이어가고 있었는데 저의 20살은 암울한 방황의 연속이었어요. 재밌는 일, 멋진 일만 가득한 20살을 기대했지만 그 무엇도 이루지 못한 저를 보며 우울에 빠졌습니다. 일주일 동안 작은 방 안에서 먹지도 자지도 않으며 어떻게 시간이 흘러가는지도 모르게 텅 빈 천장만 보고 있었습니다.

그러다 정말 큰일이 날 것 같더라고요. 뭐라도 해야겠다 싶어 서빙 아르바이트를 시작했고 돈이 남으면 조금 저축하면서 시간을 그대로 흘려보냈습니다. 처음엔 직접 일해서 돈을 벌었다는 사실에 기뻤지만 대학을 다니던 친구들은 졸업 후 좋은 곳에 취직하고, 취업했던 친구들은 자리를 잡고 어엿한 사회인이 되는 것을 보면서 묘하게 내 인생은 제자리에, 아니 오히려 뒤로 가고 있다는 생각이 들었어요. 그럼에도 '나는 고졸에 똑똑하지도 않고 특별한 재능도 없는데 단순 노동 말고 뭘 할 수 있겠냐'며 한계를 스스로 정하고 거기에 순응하며 살았습니다. 열심히 살지 않아도 먹고살 정도는 버니까 크게 노력할 이유도 찾지 못했죠.

그러다 큰 사건이 생겼습니다. 당시 상품 판매 일을 하고 있었는데, 일주일에 두세 번 정도 물품이 입고되면 창고에 물건을 정리해야 했습니다. 10㎏ 이상의 무거운 상자도 많고 노동 강도가 높아서 보통은 직원들끼리 돌아가며 물품 입고, 정리를 분담했지만, 그 시기 일손이 부족해 대부분의 과정을 혼자 책임지고 관리하게 됐습니다. 그리고 잘못된 방법으로 물건을 옮기고 있다는 것도 몰랐던 저에게 허리 디스크가 생겼죠.

물건 입고를 맡은 후부터 허리 쪽이 살살 아프기 시작하더니 2~3주 내로 걷기, 서기, 앉기는 물론 눕는 것조차 힘들 정도가 되면서 일상에 지장이 생겼습니다. 출근 전에 병원에 가서 주사를 맞고, 강한 진통제도 먹었지만 효과가 없었습니다. 병원에서는 아무리 주사를 맞아도 계속 서 있으면 치료가 제대로 되지 않는다며 쉬어야 한다고 했습니다.

그래서 여행을 가려고 아껴두었던 연차를 거의 모두 사용해 2주 휴가를 냈습니다. 나에게 주어진 2주 동안 허리가 낫지 않으면 앞으로 곤란하겠다는 생각에 열심히 물리치료를 받고 주사를 맞고, 약을 복용하고, 허리에 무리가 가지 않도록 누워 있으면서 회복하길 기다렸죠. 하지만 제 몸은 저의 노력을 알아주지 않는 건지 결과는 참담했습니다. 약 부작용 때문인지 음식을 거의 먹을 수 없었고, 정신적으로 힘든 것은 물론 아파서 서 있을 기력조차 없었습니다.

하지만 애석하게도 시간은 흘러 출근 일이 찾아왔어요. 일을 하지 않으면 월세를 낼 수 없었기 때문에 쉽게 그만둘 수도 없었습니다. 정말 어떻게 일했는지 기억이 나지 않을 정도로 8시간 이상을 정신력으로 버티고 낫지 않는 허리를 부여잡으며 어떻게든 노력했습니다. 그런데 다음 날 출근을 하니 저의 근무 표에 '물품 입고'가 적혀 있었습니다.

일을 분담해야 한다는 것을 머리로는 이해했지만, 이렇게 나를 망가뜨린 일을 다시 해야 한다니. 아픈 허리를 붙들고 무거운 물건을 옮기는 일이 계속 반복될 미래가 뻔히 보여 살기 위해서라도 일을 그만둬야겠다는 생각이 들었습니다. 그리고 바로 퇴사 의사를 밝혔습니다. 당시 회사에서 1년 넘게 일한 상태였고, 나름 직급도 있었기 때문에 사람을 구할 때까지 1개월 정도는 어떻게든 버텨보자고 마음먹고 있었죠. 그런데 돌아온 대답은 제 인생에 지금까지도 큰 상처로 남을 만큼 무자비했어요.

"그럼 오늘까지만 일하세요."

매일 성실하게 일하며 스스로를 화려하진 않더라도 세상에 필요한 존재라고 생각했던 제게 당일 퇴사는 아주 큰 충격이었어요. '나는 하루 만에 누구라도 대체할 수 있는 존재였구나.' '건강 하나 잃었을 뿐인데 이 사회에서 누구보다 쓸모없는 존재가 됐구나.' 울컥 솟아오르는 눈물을 꾸역꾸역 참으며 마지막 근무를 마무리했습니다. 그날따라 오래전부터 같이 일하던 동료들도 출근하지 않았고, 아무도 모르게 짐을 챙겨 조용히 회사를 나와 어두운 자취방으로 돌아왔습니다. 그리고 여전히 아픈 허리를 부여잡고 주저앉아 엉엉 울었던 기억이 선명하게 남아 있습니다.

그 일을 겪었던 제 나이는 만 22살이었습니다. 저축을 하긴 했지만 통장에는 돈이 많지 않았고, 월세와 생활비, 병원비까지 혼자 감당해야 했지만 돈을 벌 수 없으니 잔고를 볼 때마다 괴로웠죠. 30롤에 1만 원짜리 휴지가 너무 비싸게 느껴져 '이 돈이면 일주일 치 식재료를 살 수 있는데…. 휴지 없이 살 수 있지 않을까?' 하는 말도 안 되는 고민을 진지하게 하며 슈퍼 앞에서 서성이기도 했습니다. 그런 제 모습이 너무 불쌍하고 이런 현실이 괴로워 구매한 휴지를 한 손에 들고 오열하며 집으로 걸어갔던 기억이 아직도 생생해요. 18살부터 아르바이트를 하며 남들만큼 열심히 살았지만, 건강도 돈도, 제겐 남은 것이 하나도 없었습니다.

그날 이후 제 인생은 바뀌었습니다. 아니, 제 스스로 인생을 바꿨습니다. 일단 다시는 단순노동 또는 시간을 돈으로 바꾸는 일은 하지 않겠다고 다짐했어요. 기술이나 재능을 통해 돈을 벌어야겠다고 생각했죠. 무엇보다 건강 회복을 최우선으로 했고 다행히 6개월 만에 정상적으로 생활할 수 있을 만큼 건강해졌습니다. 이 일을 겪은 뒤에는 삶에 대한 태도와 돈을 바라보는 시선도 크게 달라졌어요. 그 전까지는 뚜렷한 이유도 없이 그냥 남는 돈을 대강 저축하며 안일하게 살아왔지만, 이 일을 계기로 별다른 일이 없고 건강할 때 돈을 모아야 진짜 돈이 필요할 때 쓸 수 있다는 것을 실감했습니다. 그리고 돈이 세상의 전부는 아니지만 웬만한 일은 돈으로 해결할 수 있다는 것도 절실하게 느꼈습니다.

# 5년 안에 1억,
# 제가 한번 모아보겠습니다

큰 의미 없이 10억 원이라는 목표 금액을 정했지만, 몇백만 원도 없는 20대 초반 사회 초년생에게 10억 원은 너무나도 먼 목표처럼 느껴졌어요. 단순히 저축만 하는 것으로는 절대 10억 원을 모을 수 없다는 사실을 본능적으로 알았기에 조기 은퇴라는 최종 목표를 이루기 위해 시드 머니, 즉 종잣돈을 먼저 모으기로 결정했습니다.

저는 '월세 받는 집주인'이 되고 싶다는 소망이 있었기 때문에 1억 원이라는 금액을 최소 종잣돈으로 설정했습니다. 1억 원 정도면 작은 부동산 정도는 마련할 수 있겠구나 싶었기 때문입니다. 그리고 절약을 하든 일을 더 하든 무슨 수를 써서라도 저축해보기로 했습니다. 10억 원보다는 1억 원이 확실히 작게 느껴지긴 했지만 여전히 너무 큰 금액이었고, 도대체 월급의 얼마를 저축하고 돈을 얼마나 아껴야 1억 원을 모을 수 있을까 싶어서 계산기를 두드려봤습니다.

모으고 싶은 금액과 기간을 정하니 답은 빠르게 나왔어요. 1억 원을 5년 동안 모으려면 1년에 2,000만 원, 1개월에 166만 원을 모아야 하죠. 당시 연봉이 2,400만 원 정도 됐는데 다행히 부모님과 함께 살고 있었기에 열심히 돈을 아끼면서 부업으로든 투자로든 매달 몇십만 원만 더 벌 수 있다면 그만큼 모을 수도 있겠다 싶더라고요. 목표 금액을 줄이거나 기간을 늘릴 수도 있었지만, 하고 싶은 거 다 하면서 돈까지 많이 모으는 건 지나친 욕심이었습니다. 저축 기간이 길어질수록 더 지치고 의지가 약해질 것 같아 원래 계획대로 5년 안에 1억 원을 모으기로 결정했습니다.

5년이라는 저축 기간이 매우 길게 느껴질 수 있지만, 저는 조금 다르게 보았어요. '100세 인생'에서 5년 정도 열심히 돈을 모아 나머지 인생이 행복할 수 있다면 못 버틸 것도 없다 싶었죠. 그랬더니 오히려 5년이 짧게 느껴졌고, 죽이 되든 밥이 되든 딱 5년만 참아보겠다고 다짐했습니다.

처음엔 아무것도 몰랐지만 첫 번째 목표였던 종잣돈을 모으고 나니 사람들이 왜 저축을 그렇게 힘들어하는지 깨닫게 됐습니다. 혹시 나도 다음 유형 중 하나에 속하지 않는지 스스로에게 물어보세요.

- 저축의 끝을 설정하지 않아 평생 아끼면서 살아야 한다는 부담감을 이기지 못한다.

- 돈을 모아도 어떻게 사용할지 계획이 없다.

- 절약하는 데 비해 돈은 조금밖에 모이지 않아 힘이 빠진다.

- 왜 이렇게 고생하며 저축해야 하는지 적절한 이유를 찾지 못한다.

여기에 해당한다면 거의 99.9% 확률로 저축을 포기하게 됩니다. 그리고 또 몇 개월이 지나 다시 극단적인 저축을 시작하고 포기하는 악순환을 반복해요. 진짜로 저축을 하고 싶다면 목표가 확실해야 해요. 왜 돈을 모아야 하는지, 모은 돈을 어디에 쓸지 뚜렷한 목표가 없다면 의지가 약해지고 저축에 대한 간절함이 사라집니다.

지금까지 매달 저축은 했지만 의미 있을 만큼 돈이 모이거나 저축에 재미를 붙이지 못했다면 목표가 없기 때문일 겁니다. 목표가 있으면 저축의 끝이 정해져 있기에 힘들어도 버틸 힘이 생겨요. 많은 사람이 근검절약의 길을 선택하지 않는 이유는 평생을 아끼고 아껴야 한다고 생각하기 때문이죠. 하지만 절약의 끝이 있다면 어떨까요? 그럼 절약을 지속할 힘이 생깁니다. 버티면 언젠가 끝이 나니까요.

이미 종잣돈이 있거나 많은 수입을 올릴 수 있다면 절약은 필요 없을 수 있어요. 하지만 내가 가진 것이 없고, 든든한 뒷배경도 없다면 무조건 악착같이 절약해서 종잣돈을 먼저 모아야 합니다. 흔히 많은 관심을 가지는 주식, 부동산 모두 최소한의 돈이 있어야 시작할 수 있어요. 내가 지금 처한 상황을 객관적으로 바라볼 필요가 있습니다.

당시 저는 세후 월급이 180만 원 이내였기에 166만 원(월급의 92.22%)을 저축하고 나면 자유롭게 쓸 수 있는 돈은 약 14만 원이었습니다. 다행히 월세는 나가지 않았고, 점심은 회사 구내식당에서 해결했으며, 출퇴근 시 같은 동네의 직원분이 대가를 받지 않고 차를 태워주셨기에 상황은 나쁘지 않았습니다. 정말로 내가 잘 아끼기만 한다면 월급만으로도 매달 166만 원을 저축할 수 있겠구나 싶더라고요.

지금에서야 이렇게 쉽게 말할 수 있지만 월급의 92%를 저축한다는 건 불가능에 가깝습니다. 저도 물론 그 일이 절대 쉽지 않을 거라는 사실을 알고 있었지만 그럼에도 해보고 싶었어요. 해보지도 않고 포기한다면 다른 저축 방법 또한 포기할 것 같았거든요. 저축과 동시에 부업도 시작했지만 추가 수입이 바로 생기지는 않았기에 초반에는 매월 1일에 생활비 10만 원을 체크카드에 이체한 뒤 그 체크카드만 사용했어요. 월세도, 점심값도, 교통비도 거의 들지 않았지만 그래도 평범한 20대 직장인 여성에게 10만 원으로 쇼핑, 간식, 친구와의 만남 등 모든 비용을 감당하기란 쉽지 않은 일이었습니다.

원래 돈을 그렇게 잘 쓰는 편이 아니라고 생각했는데 생활비 10만 원은 숨만 쉬어도 사라지는 수준이더라고요. 편의점 라면 하나, 액세서리 하나, 옷 하나 사고 나면 남는 것이 하나도 없었습니다. 어떨 때는 안 되겠다 싶어 생활비를 추가로 입금한 적도 있어요. 하지만 이런 생활 자체를 포기하지는 않았어요. 내가 이것밖에 안 되는 사람이었나 싶은 생각에 더 치열하게 살았습니다.

초반에는 급변한 소비생활에 정신적으로 너무 힘들고 내가 왜 이렇게 일하면서 돈을 쓰지도 못하고 아껴야 하나 싶은 마음에 포기하고 싶을 때도 있었습니다. 하지만 통장 잔고가 불어나는 속도가 빨라지니 절약과 저축이 재밌어지기 시작했습니다.

# "월 200 고졸 직장인이
# 1억을 어떻게 모아요?"

저축을 시작한 뒤에는 그저 목표 금액만 잘 채우면 되지 않겠냐고 할 수도 있겠지만 현실은 그렇게 쉽지 않습니다. 가장 나를 힘들게 하지만 가장 먼저 이겨내야 하는 게 바로 주변의 시선과 말입니다. 제 경험을 토대로 말해보자면 사람들은 젊은 사람이 절약하는 모습을 좋게 보지만은 않습니다. 극단적으로 저축할수록 더 그렇습니다. 저축하기 위해 아낀다고 하면 안쓰럽게 보거나 한 번뿐인 젊음을 희생하며 삶을 즐기지 못하는 사람이라고 생각하기도 해요.

SNS에서 자신을 과시하거나 '플렉스' 하는 게 너무 당연하게 여겨지기 때문에 그와 반대되는 삶(저축하는 삶)은 개인의 계획과 의지만으로는 지속하기가 무척 어렵습니다. 게다가 특별한 경우가 아닌 이상 사회생활을 하면서 나와 다른 소비 습관을 지닌 또래나 직장 동료, 상사와 어울리게 됩니다. 평범하게 사회생활을 하면서 점심에 혼자 도시락을 먹거나 카페에서 커피를 마시지 않는 등 자신의 목표를 위해 아끼는 태도를 취하면 주변 사람들은 나를 조금 특이한 사람이라고 생각할 수 있습니다(물론 그 생각을 입 밖으로 내는 사람은 거의 없지만요). 조직 자체가 절약하기 좋은 분위기가 아니라면 소비 제안을 거절하며 피할 때마다 괜히 미안해집니다.

저 또한 갓 취직했을 때부터 저축을 시작했기 때문에 이런 시선을 받았고, 이것을 이겨내기가 무엇보다 어려웠습니다. 서비스 직종의 직장에 다닌 적이 있는데, 당시 직장 주변이 관광지였기 때문에 식사비가 매우 비쌌음에도 매월 지급되는 식비가 10만 원뿐이었어요. 그래서 1년 반 정도 도시락을 쌌습니다. 평소엔 도시락을 먹고, 딱 월급날에만 가장 좋아하는 식당에 찾아가 배부르게 한 끼 식사를 하는 것이 유일한 행복이었습니다.

다른 사람이 보기엔 그런 제가 안쓰럽게 느껴졌을지도 모릅니다. 하지만 당시 제 월급이 많지도 않았고 감당해야 하는 현실이 있었기 때문에 저는 식비를 줄이는 게 당연하다고 생각했어요. 다른 사람들이 식당에서 점심을 먹으니까, 하며 남들의 시선이나 평범함의 기준 때문에 필요 이상으로 돈을 쓰는 건 사치라고 판단했습니다. 그러다 어느 날은 상사분께서 음료수 내기 사다리를 타자고 했는데 솔직하게 하고 싶지 않다고 말한 적도 있습니다. 나중에서야 모든 사람이 참여하는 상황에서 거절의 말을 하기가 쉽지 않았을 텐데 그 모습이 굉장히 멋있어 보였다고 한마디 해주시더라고요.

제가 계획한 저축 기간은 길어도 5년이었습니다. 5년만 참으면 인생의 모든 게 달라질 기회가 주어지는데 지금 남들의 시선이 그렇게 중요할까요?

맞아요. 이게 바로 저축을 시작하며 이겨내야 하는 첫 번째 관문입니다. 남들의 시선을 이겨내고 당당한 태도를 취하세요. 처음에는 부정적이거나 특이한 사람이라는 시선을 받을지도 몰라요. 때에 따라 눈치까지 보일 수도 있죠. 하지만 사람들은 "○○ 씨는 원래 저런 분이었지" 하고 금방 적응하고 신경 쓰지 않을 거예요. 다만 남들에게 "전 저축해야 하니까 돈 쓰게 만들지 마세요"라고 알리라는 의미는 절대 아닙니다. 가능하면 주변 사람들은 내가 저축하는 걸 모르는 게 훨씬 편해요. 굳이 알릴 필요도 없고요. 주변 시선을 이겨내자는 말은 거절을 잘하자는 뜻에 가깝습니다. 저는 다음과 같이 돌려서 거절했어요.

- "오늘은 도시락을 싸 와서 점심은 같이 먹기 어려울 것 같습니다."(점심값 방어)

33

- "커피를 줄이고 있어서 저는 카페에 가지 않아도 괜찮습니다."(커피값 방어)

- "막차 시간이 가까워 저는 이만 집에 가보겠습니다."(택시비 방어)

사회생활을 하면 주머니에서 원치 않게 돈이 나가는 일이 많습니다. 하지만 저축에서 가장 기본이 되는 것은 일상에서 필요한 소비와 그렇지 않은 소비를 구분하고 나의 소비를 결정하는 것입니다. 투자, 재테크, 적금 풍차 돌리기, 돈 더 버는 법, 돈 불리는 법 같은 것에 집중하는 일은 잠시 멈추고 가장 먼저 일상의 소비 방어부터 시작해보세요.

"월급 200만 원도 안 되고 능력도 없는 애가 어떻게 5년 안에 1억 원을 모은다고 그래?"

"게다가 그 돈을 더 좋은 직장으로 이직하거나 투잡을 하는 것이 아니라 절약으로 모은다고?"

"세상 물정도 모르는 애네. 나는 절대 목표를 못 이룬다는 데 1표."

약 2년 전 방송과 유튜브 등에서 5년 안에 1억 원을 모으겠다고 말했을 때, 직장 동료나 주변 사람들, 그리고 낯선 타인에게까지 정말 수많은 조언과 '악플'을 받았습니다. 당시에는 저축한 돈이 많지도 않았고, 성취를 이룬 상태도 아니어서 부정적인 시선을 더 많이 받았던 것 같습니다. 하지만 실제로 제가 목표했던 것들을 더 빠르게 이뤄내면서 지금은 그런 시선을 거의 찾아볼 수 없죠.

저는 약 2년 반 만에 1억 원을 저축했고 지금은 온라인 매체를 기반으로 직장 없이 이전에 받던 월급 이상의 수입을 올리고 있습니다. 과거의 저에게 절약하고 저축해줘서 정말 고맙다고 말하고 싶어요. 그렇게 사람들이 욕하던 초반에 물러서거나 포기했다면 지금도 울며 겨자 먹기로 직장에 다니며 살아가고 있었을 겁니다.

시선을 이겨내세요. 사람들은 최선을 다해보지도 않고 "다른 사람도 그렇다고 하던데?"라고 하곤 합니다. 앞으로는 우선 자신을 믿어야 합니다. 나의 행복을 진정으로 원하는 사람, 그 행복을 얻을 수 있는 사람은 나뿐이에요. 무모한 꿈이라도 이룰 수 있다고 생각하고 나아가면 적어도 중간까지는 반드시 도달할 수 있을 거예요. 그것도 얼마나 대단하고 행복한 일인데요. 다른 사람들이 여러분의 의지와 목표를 비웃는다면 이렇게 생각하세요.

'몇 년 뒤에도 그렇게 말하나 보자. 내가 보여줄게.'

스스로 너무나 평범해서 목표를 이룰 수 없을 것 같다고 생각하고 있나요? 그러면 제 과거와 현재의 모습을 비교해보세요.

저축은 단순히 돈을 모으는 것이 아닙니다. 나 자신과 끊임없이 싸우고 이기거나 지면서 스스로 성장하는 과정입니다.

저축하는 나를 두고 불쌍하다거나 인생을 낭비한다, 시간이 아깝다고 여기지 마세요.

| 과거의 24살 김알밥 | 현재의 26살 김알밥 |
| --- | --- |
| • 낮은 자신감/자존감 | • 높은 자신감/자존감 |
| • 월급 200만 원 이하 | • 좋아하는 일로 월급 이상의 수입 올림 |
| • 고졸 사회 초년생 | • 삶의 모든 것을 스스로 통제할 수 있음 |
| • 돈을 위해 일하는 삶 | • 돈이 나를 위해 살아가는 삶 |
| • 자산 없음 | • 자산 1억 원 이상 |

# 인생에 한 번쯤
# 미친 듯 저축하기

제가 이 책에서 말하는 저축과 절약 방법은 절대로 영원히 실천할 필요도 없고, 완벽한 정답도 아닙니다. 그렇지만 종잣돈은 가능하면 빠르게 모아야 결과적으로 덜 힘듭니다. 왜 그럴까요? 그냥 조금씩 천천히 모으면 안 되는 걸까요? 극단적인 절약을 통해 종잣돈을 모아본 사람으로서 말하자면 그 저축 과정 자체를 견디기가 굉장히 어렵기 때문입니다.

원래 저축은 힘든 거예요. 당연했던 일상의 부분을 잘라내고 하고 싶은 것을 하지 못하는 삶은 두말할 것 없이 적응하기 어렵습니다. 그렇기 때문에 저축 속도가 느릴수록 점점 더 버티기 힘들어지고, 실패가 반복되면서 완전히 저축에서 돌아서게 될 수도 있어요. 저축이라는 것은 방법 자체는 매우 단순하지만 지속하기 어렵기 때문에 돈 모으는 기간이라도 짧게 줄여야 합니다.

저는 약 2년 반 동안 마음껏 먹지도, 놀지도 못했지만 그 때문에 억울하거나 그 시간이 아깝지는 않습니다. 힘들 때면 인생에서 딱 한 번만 이 과정을 견디면 다시 반복할 일이 없을 거라면서 저 스스로 저축의 끝을 암시하고 포기하지 않도록 힘을 주었습니다. 종잣돈 저축이 끝난 지금은 대체로 하고 싶은 것을 하고 있어요. 먹고 싶은 음식을 먹고, 놀고 싶을 땐 놀기도 하면서요. 과거로 돌아가도 다시 저축 과정을 견딜 자신이 있을 정도로 현재에 만족하고 살고 있습니다.

자유롭게 생활한지 오래되지는 않았지만, 봉인이 풀리듯 손에 잡히는 모든 것을 생각 없이 구매하는 경우는 거의 없어요. 저축 과정을 통해 충동적인 소비와 진짜 필요한 소비를 구분하며 조절할 수 있게 돼 오히려 전보다 더 합리적이고 만족스러운 소비를 할 수 있게 됐습니다. 제가 저축 생활로 얻은 성과 중 가장 마음에 드는 부분입니다. 정상적인 소비 패턴이 자리 잡으니 수입이 늘거나 줄어도 자연스럽게 같은 수준의 생활을 유지할 수 있어 소비에 대한 걱정이 줄어들었어요.

월 수익이 많았으니 그만큼 저축 기간을 줄일 수 있었을 거라고 생각하는 분들이 있지만, 제가 단기간에 저축 목표를 달성할 수 있었던 것은 수입에 관계없이 언제나 똑같은 생활 습관과 저축 습관을 유지했기 때문이에요. 많은 재테크 책에서 돈을 버는 것보다 지키는 게 훨씬 중요하고 더 어렵다고 말합니다. 돈을 쓰는 것보다 버는 게 더 어려운 이유도 이와 비슷하겠죠?

목표 금액을 저축하고 경제적 자유를 달성하기 위해선 '더 벌기'가 아닌 '저축'부터 제대로 실천해야 합니다. 현재 나의 소비 패턴, 저축 습관에 대해서 깊게 생각하는 신중한 사람도 있겠지만, 대다수는 어쩌다 돈이 남으면 저축하고, 당장 수입이 끊기지 않는 이상 저축에 대해 진지하게 생각해보지 않습니다.

제가 아직 종잣돈이 없는 사람들에게 저축을 강조하는 이유는 분명합니다. 통장에 여윳돈이 없으면 아파도 일해야 합니다. 그리고 그건 정말 비참하고 자존감도 떨어지는 일입니다. 제가 실제로 겪어보았어요. 아파서 일도 제대로 못하는데 돈까지 없으니까 정말 세상이 어두워 보이고 나쁜 생각만 자꾸 들더라고요. 저축을 통해 모은 자금으로 투자나 재테크를 할 수도 있지만, 그 돈으로 자신을 지킬 수도 있습니다. 부자가 되겠다거나 경제적 자유를 이루겠다는 꿈이 없더라도 자신을 위해 저축을 시작하세요.

저축을 할 때는 저축 목표와 그 이유도 중요합니다. '그냥' 돈을 모으는 것에는 어떠한 의미도 없어요. 동기부여도 되지 않습니다. 저축 목표, 저축 금액, 저축해야 하는 이유, 이 3가지만큼은 명확하게 정해보세요. 저축 금액이 적어도 좋습니다. 작은 목표를 이룬 경험이 장기적으로 큰 목표까지 이룰 수 있는 발판이 되니까요. 종잣돈 저축, 경제적 자유 이루기 등 거대한 목표도 전혀 필요하지 않습니다. 여행 자금 모으기, 비상금 모으기처럼 작은 목표도 아주 좋아요. 대신 확실한 동기부여가 필요하고 저축이 끝났을 때 나의 모습을 상상하며 기대감을 쌓아야 합니다.

저는 너무나 절실하게 회사를 나오고 싶었고, 돈에 구속되지 않고 싶었고, 회사 밖에서 하고 싶은 일이 명확했기에 저축을 해냈을 때 느낄 기쁨을 생각하며 악착같이 절약하고 저축했습니다. '이번 달에는 조금 아껴볼까?' 정도의 마음이었다면 지금도 회사에 다니고 있었을 것이고, 돈에 구속된 상태로 남아 있었을 거예요.

여러분 마음속에도 돈 때문에 포기하거나 멀리했던 것들이 있을 거예요. 돈이라는 구속에서 조금씩 벗어날 계획을 세워보세요.


인정하고 싶지 않을 수 있지만, 내가 원하는 것 대부분은 돈으로 얻을 수 있습니다. 너무 돈 돈 하는 것 같지만, 실제로 인생의 크고 작은 사건 대부분이 돈이 있으면 해결됩니다. 저는 돈이 가져다주는 안정감을 굉장히 자주 느꼈습니다. 건강, 만족스러운 삶, 성공적인 사업, 다양한 꿈 등등. 금전적으로 얼마나 지원받을 수 있느냐에 따라 시작 난도가 달라지는 것들이 많습니다.

제가 저축을 시작한 이유 중 하나는 강아지의 병원비입니다. 강아지를 키우면서 병원비 때문에 병을 치료할지 말지, 수술을 할지 말지 고민하고 싶지 않았기 때문에 저축을 시작했습니다. 저축이 끝났을 무렵 강아지가 아파 여러 검사와 처방을 받을 일이 있었는데 여윳돈이 있었기에 고민 없이 바로 최선의 결정을 할 수 있어서 또 한 번 저축하길 정말 잘했다, 대견하다며 스스로에게 칭찬해주었던 기억이 납니다. 이렇게 돈에 관련된 경험이 쌓이면서 저축에 대한 동기부여가 더 확실해지더라고요.

저는 이 책을 읽는 모든 분이 돈이 없는 데서 오는 좌절감과 실패감을 겪지 않았으면 좋겠어요. 당장은 큰돈이 필요할 일이 없을 수 있지만, 앞으로 어떻게 될지 모르니까요. 아무 일도 없는 지금부터 나를 위해, 또는 가족을 위해 저축을 시작해보는 건 어떨까요?

# 주식·부동산·경제 공부,
# 안 하면 나만 손해

저축을 시작한 이후 1년 동안은 덜 쓰고, 덜 먹으면서 월 목표 저축액만큼 차곡차곡 저축했어요. 경제, 재테크, 자기 계발 책은 읽어본 적도 없었고, 관심도 없었습니다. 재미없을 거라 여겨서 가까이 두지 않았어요. '어쨌든 난 지금 종잣돈을 모으고 있고, 별 탈 없이 잘 저축하고 있으니 때가 되면 집 한 채 사서 안정된 삶을 살 수 있지 않을까?' 하는 안일한 생각만 가지고 있었습니다. 스스로도 저축만으로는 원하는 최종 목적지까지 도달하기 어렵다는 것을 알았지만 새로운 시도가 두렵고, 귀찮고, 이대로 사는 것도 나쁘지 않으니 갖은 이유를 붙이면서 배움을 피하고 있었어요. 그러다 문득 제가 가진 삶의 신념 중 하나가 떠오르더라고요.

'후회할 행동을 하지 말자.'

그래서 스스로 물어봤습니다.

"지금 내가 경제 공부를 하지 않는다면 나중에 후회할까?"

답은? "100% 후회할 것"이었죠. 더는 지체할 이유도 핑계도 없었습니다. 바로 경제 · 재테크 · 자기 계발 분야 책을 닥치는 대로 읽기 시작했어요. 부자가 되는 것이 최종 목표는 아니었지만, 부자의 생각이 담긴 책을 읽다 보면 무언가 얻을 수 있지 않을까 싶어 자수성가한 부자의 이야기를 중심으로 책을 골라 읽었습니다. 그리고 목표를 세웠습니다. "어렵더라도 끝까지 읽자. 책에서 하나라도 배운 점이 있다면 그걸로 된 거야."

처음에는 도대체 뭐가 중요한지, 어떤 것을 나에게 적용할지 판단할 능력이 없었어요. 좋은 문장 같다는 생각이 들면 무작정 밑줄을 치고, 메모를 하고, 독서를 끝낸 뒤 다시 그 내용을 텍스트로 정리하며 1권의 책을 기본적으로 2회씩 읽었습니다. 천천히 읽으면 이도 저도 되지 않을 것 같아 3주 동안 8권의 책을 매우 빠른 속도로 읽어 내려갔고, 어느 순간 그 책들에서 공통적으로 말하는 내용이 보이기 시작했습니다. 그때 깨달았죠. '아, 이게 돈을 배워야 하는 이유구나. 이게 세상이 돌아가는 원리구나.' 책에서 제가 배운 부자가 되는 방법은 다음과 같습니다.

1. 부자가 되는 방법은 주식, 부동산, 사업, 이 3가지 중 하나다.

2. 돈을 받는 사람이 아닌 돈을 주는 사람이 돼야 한다.

3. 지금 하는 일이 무엇이든 최선을 다해 그 분야에서 대체 불가능한 사람이 되도록 노력하라.

4. 저축, 절약은 종잣돈을 모을 때까지, 죽을 만큼 하라.

5. 모든 것을 잘할 필요는 없다. 내 분야에서 최고라면 다른 분야는 기본만 하고, 전문가를 통해 최고의 성과를 내자.

6. 두려움을 이겨야 성공할 수 있다.

7. 남을 탓하지 말고, 나를 탓하라. 그리고 분석하라.

8. 작은 위험엔 작은 성공이, 큰 위험엔 큰 성공이 따른다.

9. 내가 감당할 수 있는 빚만 져야 한다.

10. 가난을 경험해본 자는 실패해도 다시 일어설 힘이 있다.

11. 돈을 버는 것보다 잃지 않는 게 더 어렵다.

12. 부자가 되고 싶으면 부자의 조언을 들어라. 친구, 가족의 조언을 듣지 마라.

이 말들이 지금은 와닿지 않을 수도 있지만, 저는 이 규칙을 깨달으면서 돈에 대한 시선과 생각 자체가 완전히 바뀌었어요. 그리고 앞으로 무엇을 목표로 노력해야 할지 방향이 뚜렷이 보였습니다.

여전히 저축은 열심히 했어요. 제가 생각하는 최종 목표를 위해서는 종잣돈이 필수였거든요. 악착같이 절약하고 저축하며 목표를 향해 달렸죠. 달라진 점이 하나 있다면 독서가 삶의 필수 요소가 됐다는 것입니다. 항상 책을 가까이 두고 시간이 없을 때도 어떻게든 하루에 30분 정도는 읽으려 노력했고, 단순히 많은 책을 읽기보다 1권을 읽더라도 요약이나 독후감을 통해 생각을 정리하고 배운 점을 삶에 적용하기 위해 노력했습니다.

요즘에는 클릭 한 번으로 노하우를 배울 수 있는 온라인 강의나 무료 콘텐츠가 많기 때문에 책을 읽는 게 비효율적으로 보일 수 있어요. 하지만 기초 지식 없이 남이 떠먹여주거나 요약해준 정보는 실제로 도움이 되기 어렵습니다. 기초 지식을 갖추지 못하면 내 주관 없이 이게 맞는지 안 맞는지도 모르면서 남을 따라 하기만 할 뿐이고, 새로운 문제가 생겨도 내가 알고 있는 것을 응용해서 정답을 찾지 못하니 계속 누군가에게 의존할 뿐이죠. 무언가를 배우고 싶다면 그 기초는 스스로 쌓을 필요가 있습니다. 기초 실력을 가장 쉽게 기를 수 있는 방법이 바로 독서입니다.

물론 처음에는 이런 과정이 재미없고 지루할 수 있어요. 저도 그랬습니다. 그러나 저축을 통해 더 좋은 미래를 준비하고 앞으로 나아가고 싶다면 경제·재테크·자기 계발 분야의 책을 가까이해보세요.

어떤 사람들은 지금은 어차피 돈이 없으니 돈을 공부해봤자 쓸모가 없다며 저축에만 집중합니다. 나중에 돈이 생긴 뒤에 공부를 시작해보겠다고 하는데 저축을 끝내고 나서 공부하면 너무 늦어요. 최소한 종잣돈이 모이기 6개월 전에는 공부를 시작해야 여유 있게, 최신 정보를 즉각 적용해볼 수 있어요. 종잣돈이 모인 뒤 바로 다음 목표로 넘어갈 수 있도록 지금부터 독서를 통한 돈 공부도 같이 시작해보세요.

# 돈이 모이니
# 저축이 재밌어졌다

2년 반 만에 1억 원이라는 큰 종잣돈을 저축한 비결은 특별한 방법이나 도구에 있지 않습니다. 저는 모든 사람이 알고 있는 방법인 가계부 작성과 꾸준한 저축을 통해 목표 달성에 성공했죠. 그렇지만 남들과 다른 점도 분명 있었습니다. 그중 하나는 바로 '재미'입니다.

처음에는 월급의 대부분을 저축하는 게 절대 쉽지 않았습니다. 하지만 매월 100만 원 단위로 잔고가 늘어나는 통장을 볼 때마다 점점 저축이 재밌어지더라고요. 게다가 제가 도전하는 일들에서도 적지만 수익까지 나기 시작하니 이달엔 지난달보다 더 저축하고 싶고, 저축 금액의 앞자리 수가 빨리 바뀌었으면 좋겠고, 저축이 부담스럽고 힘든 일이 아닌 취미처럼 재미있는 일이 됐습니다.

그래서 그런지 저는 또래 친구들처럼 여행을 가거나 쇼핑을 하거나 화장품을 사지 않아도 심한 박탈감을 느끼거나 억울하다고 생각한 적은 단 한 번도 없어요. 그저 온전히 저축에 몰입하고 과정을 즐겼습니다. 그 과정을 더 즐겁게 만들기 위해 다양한 정보를 찾아보고 공유하기도 하고 그로 인해 얻은 절약 정보 덕분에 직접적인 혜택도 받았습니다. 그러다 보니 나중에는 남들보다 더 많이 놀고 쓰는 것 같은데도 돈이 남는 이상한 일이 벌어졌습니다.

'노력하는 자는 즐기는 자를 이기지 못한다.'라는 말도 있잖아요. 저도 정말로 저축을 즐겼기 때문에 저축 생활을 끝까지 이어갈 힘이 있었다고 생각합니다. 여러분도 저축을 조금 더 쉽게 하고 싶다면 나만의 저축하는 재미를 찾아야 해요. 돈 모으는 게 재밌어지면 돈을 모으기 위한 특별한 수단이나 방법은 필요 없어요. 알아서 잘 모으게 될 테니까요.

주변을 보면 남들보다 뒤처질까 두려워 억지로 저축하면서 재테크 공부를 하는 사람들이 있습니다. 그런 사람들은 저축과 재테크를 일처럼 생각하고 돈을 모으지 못하면 불안해합니다. 지금 그런 심리적 압박을 받고 있다면 돈을 모아야 하는 이유부터 다시 생각해보세요. 앞에서도 말했지만 목표 없이 저축하면 의지도 약해지고 재미도 없습니다. 돈을 모으고 벌고 공부하고 투자하는 것을 취미처럼 하게 만드는 단 하나의 강력한 목표를 설정해보세요.

제가 저축을 잘할 수 있던 또 다른 이유는 돈이 주는 행복을 몸으로 직접 느꼈기 때문입니다. 별생각 없이 사고 싶은 것을 사거나 큰돈을 버는 사람들을 보며 부럽다고 인정하지 못하고 '저 사람은 집에서 쉬지도 못하고 힘들 거야. 그런 것만 따지면 내가 훨씬 낫지.' 식으로 자기 위로를 하고 있진 않나요? 저도 그랬어요. 소박한 꿈을 지키는 것에 굉장한 신념을 가지고 있었습니다. "돈이 인생의 전부는 아니야. 남부럽지 않게 살진 못하더라도 내가 만족하면 된 거야."

그런데 막상 실제로 또래보다 많은 돈을 모으고 나니 너무 좋았어요. 일하고 싶지 않으면 그만둘 수 있었고, 사랑하는 강아지가 아플 때 돈 걱정 없이 최고의 치료를 선택할 수 있었고, 더 넓고 깨끗하고 좋은 집이라는 선택지가 생겼죠. 돈 걱정 없이 온전히 나의 의지만으로 무언가를 하는 경험은 굉장히 즐겁고 행복했습니다. 자본이 많을수록 꿈꿔보지 못한 일을 시작하거나 큰일이 생겨도 견딜 수 있는 든든한 버팀목이 생긴다는 사실에 더 열심히 저축할 수밖에 없더라고요.

최근에는 부득이하게 전세금을 돌려받지 못했던 적이 있습니다. 전세금이 가진 돈의 대부분을 차지했다면 큰 두려움에 싸여 이러지도 저러지도 못했을 거예요. 다행히 여유 자본이 있었기 때문에 다른 집으로 안전하게 이사한 뒤에 문제를 해결할 시간을 벌 수 있었습니다. 상황은 좋지 않았지만 금전적으로 견딜 수 있었기에 심리적 안정을 찾고 감정을 앞세우지 않고 이성적으로 해결할 방법을 차분하게 찾을 수 있었죠.

　마지막으로 저축에 도움을 준 것은 잘 정착된 소비 습관입니다. 월급을 받으면 전부 '쓸 수 있는 돈'이라고 생각해서 소비가 점점 월급에 맞춰지고, 나중에는 큰 금액도 아무렇지 않게 쓰게 되는 경우를 많이 보았어요. 처음에는 생활비로 월 100만 원 쓰는 것도 덜덜 떨지만 나중에는 월 200만 원 이상의 생활비가 나가더라도 당연하게 여깁니다. 생활비를 줄이려 해도 이미 소비 패턴이 그 수준에 맞춰져 있기에 쉽지 않죠.

　하지만 저는 저축을 시작할 때부터 임의로 제 월급을 정했습니다. 예를 들어 월급을 200만 원 받더라도 90만 원이라고 생각하는 거예요. 그러면 월에 최대한 쓸 수 있는 돈도 90만 원이겠죠? 더 쓰고 싶더라도 그 금액에 맞출 수밖에 없어 정말 필요한 소비만 하게 되더라고요. 그런 생활을 지속하다 보니 굳이 노력하지 않아도 자연스럽게 임의의 월급에 맞춰 생활하면서 수입이 늘거나 줄어도 최종적으로 소비하는 돈은 거의 비슷해졌습니다. 월 목표 저축액뿐만 아니라 기본 생활비를 제외한 나머지 금액을 전부 저축하니 점점 더 많이 저축할 수 있어 누구보다 빨리 목표까지 도달할 수 있었죠.

　지금 진짜 월급에 맞춰 소비하는 생활을 하고 있다면 오늘부터 임의로 월급을 정해보고 거기에 맞춰 소비해보세요. 점점 긍정적으로 변화하는 소비 습관과 빠르게 불어나는 통장을 보면서 저축의 재미를 찾을 수 있을 거예요.

# 저축을 시작하고
# 삶의 주체가 나로 바뀌다

　여러분의 인생은 지금 누가 제어하고 있나요? 혹시 일정한 시간에 어딘가로 출근해 계약한 시간만큼 자리를 지키며 일하고 있지는 않나요? 그렇다면 현재 여러분 삶의 주체는 누구인가요?

　제가 과거에 직장을 벗어나고 싶었던 가장 큰 이유는 바로 삶이 제가 아닌 타인에 의해 결정됐기 때문이었습니다. 누구보다 자유를 갈망하는 저였지만 현실적으로 생활비와 월세를 감당하기 위해 시간을 돈으로 바꿀 수밖에 없었고, 그런 삶은 그리 재밌지 않았어요. 하지만 생업을 그만뒀을 때 당장 저를 지켜줄 것이 아무것도 없다는 것도 너무 잘 알고 있었습니다. 그렇기에 어쩔 수 없이 회사에 계속 다녔던 거예요.

　그래서 저축을 결심했을 때 목표는 누구보다 뚜렷했습니

다. 어딘가에 속해 있지 않아도, 아무것도 하지 않아도 심리적, 물질적으로 괜찮은 삶. 그게 제가 저축을 통해 진정으로 얻고 싶은 것이었죠.

물론 이런 삶은 이루기가 매우 어려운 듯합니다. 이게 쉽다면 세상 대부분의 사람이 돈에 구애받지 않고 자유롭고 행복하게 살고 있겠죠? 그런데 제가 직접 저축을 하면서 새로운 수입을 얻고 돈이 벌리는 시스템을 하나씩 만들어가면서 느낀 점은 '자유로운 삶을 성취하기란 생각보다 어렵지 않다'는 거예요. 큰돈은 아니더라도 일하지 않아도 들어오는 돈이 생겼고, 그것들이 하나둘 쌓여 회사에 다니지 않더라도 혼자 살아갈 수 있는 든든한 버팀목이 됐죠. 지금에서야 추측해보자면 삶의 주체를 '나'로 바꾸기 어려웠던 이유는 주변에서 제가 가려던 길이 어렵다고 하니까, 위험하다고 하니까, 내가 생각해도 쉽지 않다고 느껴지니까 지레 겁을 먹어서가 아니었을까 생각합니다.

저는 이 경험을 계기로 돈을 대하는 마음가짐과 매사에 도전하는 자세가 완전히 바뀌었습니다. 회사에 다닐 때는 안정적인 월급을 통해 저축은 저축대로 하면서 어떻게 하면 일하지 않아도 돈을 벌 수 있을지 고민해 온라인에서 다양한 시스템을 만들고 플랫폼에 직접 도전해보기도 했고, 무언가 어렵다, 안 된다는 남들의 말은 직접 해보지 않고선 믿지 않았습니다. 이런 것 중에는 주식, 유튜브, 극단적인 저축 생활 등이 있었는데 저는 이 3가지 모두 만족할 만큼 성과를 이뤘어요. 두렵지 않을 만큼 꼼꼼하게 준비하고 공부했고, 잃어도 괜찮은 만큼만 투자하며 연습하고 경험을 계속 쌓으니 점점 결과가 나오기 시작하더라고요.

물론 이러한 과정 중에 잘못된 선택이나 실패, 위기도 꽤 많았습니다. 하지만 그 작은 실패의 경험이 오히려 정말 위험한 선택이나 제안이 왔을 때 피할 수 있는 좋은 지표가 된다는 걸 깨달으면서 실패도 두려워하지 않게 되더라고요.

저는 무언가를 도전할 때 딱 2가지 질문에 긍정적인 대답이 나온다면 결과에 상관없이 우선 해보는 게 좋겠다고 판단합니다.

1. 장기적으로 보았을 때도 이 도전이 나에게 문제가 되지 않는가?

2. 실패했을 때 손해가 발생하지 않거나, 발생하더라도 100% 내 힘으로 감당할 수 있는 범위의 손해인가?

지금도 여전히 이 질문들에 답하며 성공, 실패 여부에 관계없이 최선을 다해 노력했다면 그 경험 자체로도 만족하고 있습니다.

이렇게 제가 후회 없이 행동하고 도전하는 이유 또한 돈이 있기 때문입니다. 솔직히 말해서 돈이 없다면 손해를 볼지도 모르는 과감한 선택은 하지 못했을 거예요. 가진 돈도 적은데 그 돈을 잃을 수도 있다면 매우 불안했을 테니까요. 그렇지 않았기에 투자한 돈을 잃더라도 경험으로 받아들일 수 있었습니다. 요즘 세상에 1억 원은 무언가를 하기에 그렇게 큰돈은 아닌 것 같습니다. 그렇지만 이 종잣돈이 있었기 때문에 저는 삶의 주체를 회사에서 나로 바꿀 수 있었고, 여행이나 쉼, 회복이 필요할 때 아무 조건 없이 바로 떠나는 자유를 경험할 수 있었죠.

그리고 저는 이러한 자유와 행복은 노력하면 모두가 얻을 수 있다고 생각해요. 지금은 믿기지 않겠지만, 여러분이 원하는 삶을 쟁취하기 위해 노력하고 변화한다면 이 모든 걸 생각보다 쉽게 누릴 수 있을지 모릅니다. 중요한 건 내가 돈을 어떻게 생각하는지, 어떻게 모으고 사용하고 불릴지 충분히 고민하며 어려움을 하나씩 헤쳐 나가는 것이죠.

# 하루 1분이면 충분한
# 반자동 가계부

저축을 시작할 때 누구나 반드시 해야 하는 것이 바로 가계부 쓰기입니다. 다른 것들은 필요에 따라 선택하면 되지만 가계부만큼은 무조건 작성해야 해요. 내 주머니에서 얼마가 나가는지 모르는데 어떻게 예산을 정하고, 계획하고, 목표 금액까지 저축할 수 있을까요? 여기서는 시작과 관리가 쉬운 '반자동 가계부 관리 방법'을 알려드리려고 합니다. 처음부터 모든 것을 꼼꼼히 챙길 필요 없어요. 처음에는 습관을 만든다 생각하고 가벼운 마음으로 시작해주세요. 초보자라면 잘 만든 가계부 앱을 이용하는 것이 시간도 절약되고 관리도 편합니다. 다음 과정을 따라 하면 하루 1분, 월말 10분으로 가계부 작성부터 관리까지 편리하게 끝낼 수 있어요.

## 1. 가계부 앱 설치하기

어떤 앱이든 상관없지만 추천하는 무료 앱은 '토스'와 '뱅크샐러드'입니다. 디자인도 간단하고 딱 필요한 기능만 깔끔하게 제공해 오랫동안 매우 만족하며 사용하고 있습니다.

## 2. 자산 연동하기

편리한 반자동 가계부를 사용하는 데 가장 중요한 단계입니다. 계좌, 신용카드, 주식, 부동산, 현금 등 내가 가지고 있는 모든 자산을 연동하기를 추천합니다. 만약 그러기가 꺼려진다면 주요 입출금 계좌, 체크카드, 신용카드만 연결해주세요. 그래야 자산에 변동이 생겼을 때 자동으로 자료를 입력해 편리하고 정확하게 가계부를 관리할 수 있습니다. 저는 지출, 수입뿐 아니라 총자산 변화도 보고 싶어 모든 입출금 및 예·적금 계좌, 카드, 그리고 주식 계좌까지 가계부에 연동해 점검하고 있어요.

자산 연동까지 했다면 월말이 올 때까지 딱 2가지만 해주세요. 지출이 발생한 직후 메모하기, 그리고 카테고리 분류하기. 이 2가지가 반자동 가계부의 핵심입니다.

## 3. 지출 항목과 지출 이유 입력하기

무엇을 구매했는지, 왜 구매했는지 간단하게 적어주세요. 이렇게 메모를 해두면 이후에 월말 정산을 할 때 예산을 계획하거나 다음 달 소비 목표를 정하는 데 도움이 됩니다. 예를 들어 쿠팡에서 휴지 구매와 음식 구매, 이렇게 2회 지출을 했다면 내역서에는 모두 '쿠팡'이라는 지출처가 적히게 됩니다. 그러면 월말 정산을 할 때 무엇을 구매했는지 제대로 기억하기 어려워요. 그제야 하나하나 결제 앱을 열고 항목을 찾아 기록해야 하죠. 이런 일이 반복된다면 가계부 관리가 귀찮고 어렵다는 생각이 들어 금방 포기할 수밖에 없어요. 그러니 지출을 했다면 가능한 한 당일, 최대 일주일 이내로 메모해주세요. 딱 30초만 투자하면 됩니다.

## 4. 지출 내역 카테고리 정리

메모를 잘했더라도 카테고리를 정리하지 않는다면 어디서 돈이 새고 있는지 알 수 없죠. 기본 앱 카테고리를 이용해도 좋고, 필요한 카테고리를 새로 만들어서 분류하는 것도 좋아요. 이때 카테고리 기준을 세워두기를 추천합니다. 같은 휴지를 구매했다 하더라도, 사람에 따라 A는 휴지 구매 비용을 생활비로, B는 주거 비용으로 생각할 수 있어요. 저는 똑같은 음식을 사 먹었다고 해도 친구와 같이 먹은 경우라면 그 지출은 '술·유흥'으로 분류하고, 혼자 식사했다면 '식비'로, 개인적인 만족을 위해 구매했다면 '편의점·마트'로 분류하고 있습니다. 이렇게 분류하면 이후 월말 정산을 할 때 어디서 필요 이상의 돈을 지출하는지, 내 지출 습관을 한눈에 볼 수 있어요.

월말에는 다음 달 지출 계획을 세워야 합니다. 그동안 소비 내역 메모와 카테고리 분류를 잘했다면 10분 안에 지출을 정리하고 예산을 계획할 수 있습니다.

## 5. 전체 소비 확인하기

총지출, 총수입 내역을 확인해주세요. 내가 생각했던 지출 예산을 지켰는지, 넘었는지 가볍게 점검하면 됩니다.

## 6. 카테고리 상세 지출 확인하기

카테고리별 총소비 금액을 확인해주세요. 어떤 카테고리에서 지출이 가장 큰지, 예상보다 많이 쓴 카테고리는 무엇인지 눈으로 확인하고, 내역 하나하나 들여다보며 총지출에 영향을 준 내역과 그 횟수를 확인해 돈이 새고 있는 곳을 찾으세요. 그리고 다음 달에 지켜야 할 목표를 세우세요. 정확한 범위를 정해야 더 확실하게 소비를 방어하고 스스로 목표를 상기할 수 있어요. '개인적인 카페 이용 5회 이하' '개인 외식 비용 8만 원 이하' '10분 일찍 일어나 대중교통 이용하기(택시 이용 금지)' 등의 목표를 세워보세요.

## 7. 불필요 지출 분류하기

필요 없는 데 지출했거나 보상 심리로 지출했거나 분위기나 기분 때문에 지출했던 내역을 체크해 '불필요 지출' 카테고리로 옮겨주세요. 각 카테고리에 대한 정산을 끝냈기 때문에 카테고리를 옮겨도 괜찮습니다. 그리고 그 달 동안 소비하지 않을 수도 있었는데 소비로 이어진 건의 총금액을 확인해보세요. 잘못 구매해서 해당 금액만큼의 가치를 끌어내지 못한 소비가 있을 거예요. 이런 지출이 다음 달에 또 생기지 않도록 주의하면 됩니다. 필요하다면 이 항목들도 다음 달 목표에 넣어 똑같은 불필요 지출이 발생하지 않도록 방지할 수 있습니다.

## 8. 다음 달 소비 계획하기

마지막으로 다음 달 소비 계획, 예산 계획을 세우면 끝입니다. 이전 단계에서 세운 목표를 기반으로 총지출 금액과 카테고리별 계획을 세워주세요. "총지출은 90만 원 이내로 한다." "카페는 지난 달보다 1만 원 줄인

3만 원 이내로 이용한다." 정도로 필요한 부분만 계획하고 지켜도 됩니다.

    가계부는 최대한 간단하게 관리해야 가계부 쓰는 습관을 오래 유지할 수 있어요. 딱 3개월만 이 순서를 지켜 가계부를 관리해보면 소비의 전체적인 틀이 보이고 어디서 소비를 줄여야 할지, 어디서 저축을 더 늘릴 수 있을지 확인할 수 있습니다. 소비를 줄이기가 어렵다면 애초에 생활비를 제외한 모든 금액을 저축한 후에 남은 금액에 맞춰서 소비하는 방법을 추천합니다.

# 저축 목표를 구체화하는
# 8가지 질문

저축을 해보겠다는 마음을 먹었다면 다음 질문에 답하면서 저축 목표를 구체화해보세요.

## 나의 저축 목표 선언하기

1. 내가 저축을 해야 하는 이유는 무엇인가요?

2. 내가 생각하는 가장 이상적인 미래를 구체적인 조건으로
   적어보세요.

3. 이상적인 미래를 실현하기 위해 필요한 최종 자산은 얼마인가요?

4. 최종 자산을 달성하기 위해 필요한 최소 종잣돈은 얼마인가요?
   얼마가 있다면 투자나 재테크를 시작할 수 있을까요?

5. 종잣돈을 모으길 원하는 기간을 적어보세요.

6. 1년에 저축해야 하는 금액은 얼마인가요?

7. 1개월에 저축해야 하는 금액은 얼마인가요?

8. 7번의 금액을 저축할 수 있나요? 불가능하다면 어떻게 가능하게
   만들 수 있을까요?

9. 나의 저축 목표를 한 줄로 적어보세요: 나는 20____년 ___월까지
   매월 _____만 원을 저축해 _____원을 만들겠습니다.

저축에 좋은 행동과 나쁜 행동도 소개합니다. 나의 습관을 점검해보
세요.

### 저축에 좋은 행동

- 물건은 다 사용한 뒤 구매하기
- 대체품 먼저 찾고 소비하기
  (예: 카페 대신 스틱 커피, 헬스장 대신
  공원, 새 책 대신 도서관)
- 모든 물건은 일시불로 구매하기
- 체크카드 이용하기
- 각종 쇼핑 앱 삭제하거나 숨기기
- 유흥·술과 멀어지기
- 혼자 외식하거나 배달 음식 시키지
  않기
- 걷거나 자전거 이용하기
- 냉장고, 옷장, 서랍 주기적으로
  청소하기
- SNS는 멀리, 책은 가까이하기
- 남과 비교하지 않기
- 같이 저축할 수 있는 '돈 친구'
  만들기
- 온·오프라인 자기 계발 모임
  참여하기
- 친구와의 만남, 데이트 횟수 월별로
  제한하기
- 가계부 작성하고 관리하기
- 카테고리별 예산 설정하고 지키기
- 고정 경조사는 6~12개월 전부터
  미리 준비하기
- 고정 지출 늘리지 않기
- 먼저 저축하고 남은 금액으로
  생활하기
- 일기장이나 블로그에 저축 생활
  기록하기
- '앱테크' 하기

## 저축에 나쁜 행동

- 할인한다고 있는 것 또 사기
- 필요 이상으로 자신에게
  투자하기(예: 고액의 운동, 강의)
- 할부로 제품 구매하기
- 예·적금 자주 해지하기
- 예쁘다고 구매하기
- 남들 따라 필요 이상으로 구매하기
- 구매 전 가격 비교 하지 않기
- 호캉스 등 여행 주기적으로 가기
- 패스트푸드와 배달 음식
  주기적으로 먹기
- 매일 커피 사 먹기
- 습관처럼 택시 타기
- 물건 정리하지 않고 쌓아두기

- SNS에 과하게 집착하기
- 필요 이상으로 좋은 집 구하기,
  자동차 구매하기
- 놀기 좋아하는 친구들과 가까이
  지내기
- 스트레스 해소를 핑계로 돈 쓰기
- 가계부, 소비 내역 확인하지 않기
- 갑자기 극단적으로 절약하기
- 비상금 만들지 않기
- 정기 구독 개수 늘리기
- 먼저 쓰고 남은 돈 저축하기
- 계획 없이 자주 직장 그만두기
- 결과 없이 투자부터 하기
  (예: 유튜버 하겠다고 카메라부터 구매)

# 예산,
# 느슨하게 시작하기

저축과 관련해 가장 많이 듣는 질문 중 하나는 예산에 대한 것입니다. 예산 세우기는 내가 돈을 얼마나 쓰고 있는지 직접 확인할 수 있는 가장 좋은 방법이며 계획한 저축 목표를 차질 없이 달성하는 데 많은 도움을 줍니다. 가능하면 예산을 세우고 지키는 연습을 해보세요. 이렇게 시작해보셨으면 좋겠습니다.

### 1. 필요한 부분의 예산만 계획하기

예산을 계획하라고 하면 모든 소비 카테고리의 예산을 세우고 빡빡하게 지키려고 하는 경우가 많은데, 그렇게 하면 불편하고 필요하지 않은 강박까지 생겨서 건강한 저축을 할 수 없습니다. 내가 줄이고 싶은 소비 카테고리 1~2개 또는 생활비 예산 정도만 계획하고 관리해보세요.

### 2. 대강 계획하고 실행하면서 적정선 찾기

예산에 대한 질문 중 많은 것이 "어떤 카테고리에 얼마의 예산을 배분해야 하나요?"입니다. 이 질문에 대한 답은 사실 없어요. 사람마다 소비 패턴이나 수입 규모가 모두 다르고 어떤 소비 항목의 중요도가 얼마나 높은지는 각 개인이 판단해야 하기 때문입니다. 평소에 가계부를 쓰지 않았다면 예상 식비가 30만 원이었는데 막상 월말에 보면 배로 쓴 경우도 적지 않습니다.

처음에는 아주 단순하게 "나는 식비에 OO만 원가량 쓰는 것 같은데?" 정도로 예산을 짜세요. 그리고 평소에 생각하는 적정 예산 내에서 생활하면서 실제로 그 예산대로 사용하고 있는지, 예산이 부족한지, 아니면 넉넉한지 살펴보세요. 그렇게 1개월씩 소비 데이터가 쌓이면 점점 자연스럽게 나만의 적정 예산 기준을 세울 수 있습니다.


### 3. 카테고리 기준 명확하게 정하기

예를 들어 '식비'라고 했을 때 사람들이 생각하는 기준은 전부 달라요. 외식, 음식 배달, 식재료 구매 비용까지 식비라고 생각하는 사람도 있고, 식재료만 식비라고 생각하는 사람도 있고, 실제로 끼니를 때우기 위해 먹은 식사 비용만 식비라고 생각하는 경우도 있습니다. 그렇기 때문에 어떤 소비 카테고리의 예산을 세우고 싶다면 먼저 소비 카테고리를 분류하는 기준을 명확하게 세웠으면 좋겠습니다.

예를 들어 식비를 줄이고 싶어 예산을 계획한다면 그 식비라는 카테고리에 어떤 소비가 포함되는지 먼저 분류할 필요가 있습니다. 카테고리 세부 기준 예시는 다음과 같습니다.

| 식비 | 고정비 | 쇼핑 비용 |
|---|---|---|
| 외식 | 교통비 | 의류 |
| 배달 음식 | 식비 | 헤어 |
| 식재료 | 데이트 비용 | 뷰티 |
| 간식 | 정기 결제 비용 | 관리 |

### 4. 소비를 줄일 때는 5만 원 이내로 천천히

보통 사람들은 급작스러운 변화에 적응하기 어려워합니다. 만약 내가 생각하는 예산보다 많이 소비하고 있어서 씀씀이를 줄이고 싶다면 5만 원 이내로 월 예산을 줄여가며 그에 맞는 소비를 시도해보세요. 소비를 20만 원까지 줄이고 싶은데 평소에 40만 원을 쓰고 있다면 35만 원, 30만 원, 28만 원, 25만 원, 20만 원까지 천천히 예산을 줄이면서 거기에 익숙해지는 것이죠. 40만 원에서 20만 원으로 줄이기는 어렵지만 40만 원에서 35만 원, 35만 원에서 30만 원으로 줄이기는 그렇게 어렵지 않거든요. 물론 매우 급박하게 저축해야 한다면 이 방법은 필요 없습니다. 뭐든 극단적으로 줄일 수밖에 없어요. 하지만 조금 여유가 있다면 힘들지 않게 천천히 적응하는 방법을 시도해보세요.

### 5. 계획은 빠르면 빠를수록 좋다

예산은 일찍 준비할수록 좋습니다. 이번 달 예산만 짜지 말고 1년마다 반복되는 기념일, 생일, 기타 경조사 예산을 미리 준비해보세요. 생각지도 못한 큰돈이 나가는 것과 미리 그 돈을 준비해서 지출하는 것의 결과는 굉장히 다릅니다. 현재 생활비에서 지출하지 말고, 모은 돈에서 여유 있게 지출하고 남은 금액은 다시 저축하세요. 여행이 가고 싶거나 가지고 싶은 물건이 있을 때도 이 방법을 적용할 수 있습니다. 매월 조금씩 돈을 모으고, 목표 금액에 도달했을 때도 원하는 마음이 변하지 않는다면 그 돈으로 마음 편하게 즐기는 것입니다. 돈을 '쓰고 모으는' 것에서 '모으고 쓰는' 것으로 순서 하나만 바꾸어도 소비 패턴은 완전히 달라질 수 있습니다.

# 금액별
# 3단계 적금 방법

저축을 시작할 때 가장 많이 하는 게 적금이죠. 사실 최근에는 이자를 받기 위해 적금을 하는 건 큰 의미가 없어요. 하지만 상황과 때에 따라 예·적금을 잘 이용하면 긍정적인 소비 습관을 만들수 있습니다. 단순하게 적금을 붓기만 하고 있었다면 이렇게도 한번 해보세요(이자에 상관없이 저축에만 초점을 맞춰 작성했습니다).

### 1. 난이도 하: 저축이 처음이거나 소비 습관을 먼저 형성하고 싶을 때

저축에 대한 열정은 있지만 이전에 크고 작은 실패를 경험했거나 저축을 지속할 자신이 없다면 '10만 원 이하의 소액 적금'부터 시작하길 추천해요. 내 고정 지출과 소비를 명확하게 파악하지 않은 상태에서 고액의 적금부터 시작하면 급변한 소비 패턴에 적응하지 못해 적금을 오래 지속하기 어렵습니다. 대신 월급이 들어오자마자 적금 계좌로 자동이체되도록 해야 합니다. 남은 돈을 저축하는 게 아니라 저축하고 남은 돈으로 생활하기를 실천하세요.

## 2. 난이도 중: 월 100만 원 이하의 정기 저축을 하고 싶을 때

소액 적금을 붓는 생활에 익숙해졌다면 '50만 원 이하의 적금을 하나 더' 들어요. 물론 처음에는 어렵지만 소액 적금을 해본 경험이 있다면 금방 적응할 수 있을 거예요. 월 적금액에 맞춰 예산을 수정하고 최소 3개월은 지키려 노력해보세요. 적금을 2개 이상으로 쪼개서 관리하는 이유는 실패 경험을 최대한 줄이기 위해서입니다. 만기가 있는 예·적금을 중간에 해지 하는 경험을 반복하면 이후에는 조금만 문제가 생겨도 적금을 해약하는 안 좋은 습관이 생길 수 있어요. 긍정적 경험이 주는 힘을 받기 위해 현재 저축 생활에 적응한 후 10만~50만 원의 적금을 추가해가며 전체 저축액을 조금씩 늘리는 방법을 추천합니다.

## 3. 난이도 상: 1,000만~1억 원의 종잣돈 저축이 목표일 때

차근차근 저축 금액을 늘려왔다면 큰 단위의 돈도 저축할 수 있는 힘이 생겼을 거예요. 만약 이전 단계를 뛰어넘어 당장 큰 금액을 저축해야 한다고 하더라도 괜찮습니다. 마음만 제대로 먹으면 충분히 해낼 수 있어요. 가장 중요한 건 월급이 들어오는 즉시 목표 저축액만큼 적금이나 서브 통장으로 빼서 다른 곳에 쓰지 못하게 하는 겁니다. 그러다 카드값, 생활비가 부족하면 어떡하냐고요? 그럼 먹는 것과 쓰는 것을 더 줄이거나 부업 혹은 아르바이트를 해서 '어떻게든' 충당하면 됩니다. 이래서 안 돼, 저래서 어려워 같은 말은 이 단계에서 통하지 않아요. 내가 종잣돈을 모으기로 선택했으니 그 선택에 책임을 진다 생각하고 어떻게든 버텨내야 해요. 적금을 통한 저축 방법은 다음 3가지 중에서 시도해보면 좋을 것 같습니다.

1. 월 목표 저축액을 10만~30만 원 이하 소액 적금으로 나눠 관리한다.
(심리적 부담감 하)

2. 월 목표 저축액을 3:7 비율로 나눠 2개의 적금을 든다. (심리적 부담감 중)

3. 월 목표 저축액만큼 1개의 적금을든다. (심리적 부담감 상)

물론 상황에 따라 원하는 목표만큼 저축하지 못할 수도 있어요. 하지만 절대 모아둔 원금만큼은 건드리지 마세요.

### 보너스 1: 묶여 있는 것이 싫다면 파킹 통장은 어때요?

적금의 장점이자 단점은 내가 원하거나 필요할 때 돈을 쉽게 건드릴 수 없다는 점입니다. 그래서 평소에 필요한 만큼 잘 쓰고 목표 저축액도 무리 없이 채우고 있다면 파킹 통장을 추천합니다. 파킹 통장은 말 그대로 잠깐 '주차park'했다 가는 입출금 통장입니다. 대부분 월 또는 일 단위로 잔액에 비례해서 이자를 지급해 당장 쓰지 않는 돈에 조금이라도 일을 시킬 수 있는 좋은 통장입니다. 특히 투자나 재테크 준비를 하고 있다면 파킹 통장이 훨씬 편할 거예요. 이자율은 대체로 적금보다 낮지만, 충분히 감안하고 자유로운 입출금과 월/일 이자 혜택을 누리는 것도 좋은 선택이라고 생각합니다.

적금을 종잣돈 모으는 데만 사용할 필요는 없어요. 매년 반복되는 경조사나 여행 자금, 물품 구매 비용 등 목돈을 마련하는 데도 활용할 수 있죠. 명절, 생일, 기념일, 불특정 비상금 등 목적별로 대략 1년 전부터 2만~3만 원 단위의 소액으로 일정 7일 전에 만기되는 적금을 들어요. 소액이라 적금하기 어렵지도 않고 1년만 쌓이면 꽤 큰 금액이 되니 유용하게 사용할 수 있습니다. 여행, 물건같이 개인적 만족에 의한 소비의 경우엔 나에게 그것이 진짜로 필요한지 알아보는 유예 기간을 줄 수 있어요. 하고 싶은 일, 가지고 싶은 것이 생겼다고요? 일단 단기 적금부터 만드세요.

금리가 높아지면 자연스럽게 고금리 예·적금 상품이 출시되는 경우가 많습니다. 그렇지만 이때 고금리 하나만 보고 무작정 가입하는 건 추천하지 않습니다. 고금리 예·적금에 가입하기 전 주의 사항은 다음과 같습니다. 예금자 보호 제도란, 금융 기관이 파산할 경우 예금보험공사가 예금자 1인당 원금과 소정의 이자를 합해 최고 5,000만 원까지 보호하는 제도를 말합니다.

1. '예금자 보호 제도'를 확인하고 원금에 이자를 더해서 예금자 보호 금액 한도보다 낮게 예치하기

2. 당장 지금만 바라보며 장기 또는 높은 금액으로 가입하지 않기. 더 높은 고금리 적금이 출시될 가능성 대비하기

은행은 절대 아무 이익 없이 고금리 상품을 출시하지 않아요. 어떤 예·적금, 투자 상품을 보았을 때 이상할 정도로 좋은 점만 있다면 왜 은행에서 이렇게 고객에게 좋은 상품을 출시하는지 알아보고, 혹시라도 위험 부담은 없는지 직접 알아보며 확인해야 합니다. 열심히 모아둔 내 돈, 남의 말이나 손에 쉽게 맡기지 마세요.

# 체크카드
# 200% 활용하기

스스로 지출을 절제하지 못하거나, 예산만큼만 써보고 싶은데 예산을 어떻게 편성하고 관리해야 할지 모르겠다면 자주 사용하지 않는 체크카드를 적극적으로 이용해보면 좋습니다. 방법 자체는 매우 간단하니 차근차근 따라 해보세요.

1. 안 쓰는 체크카드를 준비하거나 체크카드를 발급한다.

2. 매월 1일, 그달의 생활비 예산만큼 체크카드에 입금한다. (자동이체도 가능)

3. 1개월 동안 생활비라고 생각하는 모든 지출은 체크카드로 결제한다.

4. 매월 말일, 체크카드 사용 내역을 정리한다. (가계부 활용)

5. 매월 1일, 잔액을 비상금 통장으로 넘겨 체크카드 잔고를 0원으로 만든다.

6. 2번부터 5번까지 매월 반복한다.

예산을 다 써버렸을 경우, 생활이 아예 불가능하다 판단되면 카드에

3만~5만 원의 소액을 조금씩 채워 넣습니다. 그렇지 않다면 최대한 말일까지 버텨보세요. 또한 5번을 보면 매월 1일에 잔액을 0원으로 만든다는 항목이 있는데 그 이유는 항상 똑같은 시작점에서 시작해야 사용 내용을 추적하면서 내가 전월과 비교했을 때 더 많이 쓰고 있는지, 적게 쓰고 있는지 알 수 있기 때문입니다.

### 생활비 체크카드의 2가지 장점

생활비 체크카드를 쓰면 좋은 이유는 첫째, 돈 쓰는 감각을 익힐 수 있기 때문입니다. 실제 사용할 수 있는 돈의 한계를 정해두고 그 안에서만 쓰는 연습을 하면 자연스럽게 남은 잔액이나 총지출 금액이 머릿속에 떠오르게 됩니다. 나중에는 감각으로 얼마를 썼는지, 얼마나 남았는지 파악할 수 있으니 예산 내에서 돈 쓰는 것이 어렵지 않습니다. 또 체크카드는 잔액이 없으면 결제가 이뤄지지 않기 때문에 더 신중하게 지출을 고민하게 만들어요.

둘째, 지출 내역을 쉽게 관리할 수 있습니다. 보통은 카드 한두 장으로 생활비는 물론 모든 고정지출, 경조사 등을 처리하기 때문에 가계부를 정리하거나 고지서를 볼 때 시간이 오래 지난 항목은 어디에 지출했는지 기억하기 어려울 때가 있습니다. 그것을 보완해줄 수 있는 도구가 바로 이 체크카드예요. 생활비 체크카드로 지출했다면 세부 항목은 구분할 수 없더라도 생활비 명목으로 썼다는 사실은 확실하게 알 수 있기에 내역을 한눈에 보고 정리하기 쉬워집니다.

저도 이 방법을 통해서 돈을 쓰는 감각을 익히고, 예산 내에서 소비하는 방법을 터득할 수 있었어요. 처음에는 돈을 더 입금해서 써야 할 만큼 빠르게 예산을 소비했지만, 시간이 흐를수록 자연스럽게 지출을 고민하는 저를 발견할 수 있었어요. 이런 상태로 약 3~4개월간 지속하니 예산이 많이 남아 굳이 체크카드를 쓸 필요가 없다고 느껴 사용을 그만두었습니다.

이렇게 소비 감각을 익힌 덕분에 지금까지도 예산을 정하지 않더라도 항상 적절하게 지출을 조절하게 됐죠. 예산을 어떻게 잡아야 좋을지 모르겠다면 처음에는 단순하게 적정 예산으로 생각하는 금액만큼 설정해보세요.

정해진 규칙은 없으니 쉽게 생각하면 됩니다. 굳이 '생활비' 체크카드라고 하는 이유는 생활비만큼은 내가 100% 통제할 수 있는 항목이기 때문이에요. 세부 항목은 여러분이 직접 정해도 됩니다. 저는 이 체크카드를 고정 지출과 주거 비용을 제외한 쇼핑, 외출, 간식, 여행 등 나머지 생활 지출에 사용했어요. 얼마나 생각 없이 돈을 쓰는지 눈으로 확인해볼 필요가 있다고 생각했죠. 10만 원이 꽤 큰돈이라고 생각하고 예산을 세웠는데 정말 순식간에 쓰는 걸 보고 큰 충격을 받았습니다. 그러곤 생활비를 조금씩 줄여가며 나중에는 5만 원도 쓰지 않게 됐죠(당시에는 그만큼 절약을 해야 목표 저축액을 채울 수 있었기 때문입니다).

그동안 절약하고 저축하면서 특별한 방법이나 도구를 썼던 건 아니지만, 생활비 체크카드를 사용한 경험은 저축 초반에 지출 감각을 키우고 중요한 소비를 판단할 수 있는 요긴한 도구가 됐습니다. 지출에 대해 100% 파악하고 싶다면 반드시 시도해보았으면 하는 방법입니다.

# 연말 연초
# 소비 틀어막기

저축을 조금 더 쉽게 하려면 고정 지출과 생활비를 줄여야 합니다. 아무리 아끼고 안 쓰더라도 기본적으로 나가는 돈이 총지출에서 큰 비율을 차지한다면 저축하는 재미를 느끼기 어려워요.

통신비는 알뜰폰 통신사를 사용해 아끼고, 카페, 편의점, 음식점 이용 시 중고 기프티콘을 먼저 찾아 구매하고, 주거비는 다양한 주거비 지원 사업을 찾아보면 좋습니다. 1인 가구와 사회 초년생은 생각보다 지원을 많이 받는 편입니다. 바꾸기 어려운 보험도 무료로 상담받고 필요 없는 보장을 줄일 수 있죠. 일상에 필요한 부분이라면 여러 방법을 통해 최종 지출을 줄여보세요.

한편 돈을 가장 쉽게 많이 쓰는 때가 언제냐고 한다면 바로 연말, 연초가 아닐까 싶어요. 연말부터 각종 모임이 생겨나면서 연초까지 이어지는 일이 많은데요. 잘 절제하는 사람이라 하더라도 갑자기 늘어난 지출에 나몰라라 쓰고 크게 후회하는 경우가 많습니다. 이럴 때도 잘 절제하고 자신과의 약속을 지키면 좋겠지만 그게 어렵게 느껴진다면 11월부터 1월 초까지 약 2개월간 해보면 좋은 방법을 알려드립니다. 놀랄만큼 특별한 방법은 아니지만, 가족, 동료, 친구와 즐거운 시간을 보내면서 소비 방어도 할 수 있는 방법이니 한번 시도해보세요.

### 1. 혼자서는 쓰지 않는다

이전 노하우에서도 언급한 규칙인데 평소에는 외식이나 배달 음식에 한정했다면 연말, 연초에는 밖에서 쓰는 모든 항목에 이 규칙을 적용하는 거예요. 간식, 외식, 쇼핑, 커피 등등 1만 원 이하 소액 지출은 혼자 있을 때는 가능한 한 지양하세요. 이 시기에는 특별히 무언가를 하지 않아도 여러 모임 때문에 지출이 2배 이상 발생할 때가 많으니 도시락을 싸거나 가까운 거리는 걸어 다니는 등 아낄 수 있는 부분은 확실하게 아껴야 합니다. 생활에 쓰는 적은 돈은 확실하게 꽉 잡아두고, 맛있는 음식이나 음료는 모임에서 양껏 즐기세요.

### 2. 약속은 일주일에 1회만 잡는다

참석하는 모임 횟수가 많아지면 그만큼 돈도 2배, 3배로 나갑니다. 정말 중요한 약속만 선별해서 월에 최대 5회, 주에 최대 1회의 약속을 잡으세요. 자잘한 모임까지 모두 나간다면 체력도 떨어지고, 그만큼 돈도 많이 쓰게 됩니다. 감정이 아닌 이성으로 판단해서 나에게 중요한 모임만 선별해 참석하세요. 대신 참여 횟수를 줄인 만큼 최대한 즐겁게 노는 것은 잊지 말기!

### 3. 연말 예산을 미리 정해둔다

연초에 모임이 전부 끝나면 그 순간부터 연말 예산을 미리 계획하고 조금씩 모아두는 것을 추천합니다. 이럴 때 단기 적금을 이용하면 매월 부담 없는 금액으로 원하는 만큼 돈을 모아둘 수 있어 다시 연말이 다가왔을 때 마음의 부담이 크게 줄어듭니다. 평소 30만 원 정도를 연말 모임에 사용 했다면 20만 원은 미리 모아둔 예산에서, 10만 원은 그 달의 생활비에서 지출하면 부담감이 훨씬 줄겠죠? 미리 모으고 쓰기! 돈 쓰는 순서를 항상 기억해주세요.

모든 소비를 100% 방어할 순 없겠지만 미리 대비할수록 부담감은 적어지고, 마음은 가벼워져요. 내 의지와 상관없이 돈을 많이 쓸 것 같다는 생각이 든다면 내가 아낄 수 있는 부분이 무엇인지 빠르게 판단해서 전체 지출액을 평소처럼 맞추려는 노력이 필요합니다. 마지막으로 고생한 자신에게 보상하는 것도 좋지만, 보상이 너무 자주 반복되면 보상이 아니라 일상처럼 느껴질 거예요. 아직 목표에 도달하지 않았다면 필요할 때, 필요한 만큼만 보상을 주고 계속 저축을 이어갈 수 있도록 집중하기!

### 일상에서 줄일 수 있는 소비들

연말, 연초가 아니더라도 다음 표를 보며 지금 줄일 수 있는 항목을 체크하고 그 방법을 적어보면 조금 더 쉽게 저축을 시작할 수 있습니다.

| 소비 항목 | 월평균 지출 금액 | 줄일 수 있을까? | 어떻게 줄일까? |
|---|---|---|---|
| OTT 서비스 (넷플릭스, 웨이브, 왓챠 등) | | ☐ | |
| 유튜브 프리미엄 | | ☐ | |
| 쇼핑 정기 결제 (로켓 와우, 네이버 멤버십 등) | | ☐ | |
| 취미 생활 | | ☐ | |
| 의류 | | ☐ | |
| 화장품 | | ☐ | |
| 미용실 | | ☐ | |
| 배달 음식 | | ☐ | |
| 외식 | | ☐ | |
| 카페 | | ☐ | |
| 문화생활 (영화, 전시, 관람, 체험 등) | | ☐ | |
| 택시비 | | ☐ | |
| 스마트폰 소액 결제 (게임, 앱 결제) | | ☐ | |
| 액세서리 | | ☐ | |
| 편의점 간식 | | ☐ | |
| 운동(PT, 필라테스 등) | | ☐ | |
| 데이트 | | ☐ | |

| 소비 항목 | 월평균 지출 금액 | 줄일 수 있을까? | 어떻게 줄일까? |
|---|---|---|---|
| 친구 만나기 | | ☐ | |
| 경조사 챙기기 | | ☐ | |
| 여행 | | ☐ | |
| 통신 | | ☐ | |
| 주거 | | ☐ | |
| 술, 유흥, 기호식품 | | ☐ | |
| 보험 | | ☐ | |

# 선언하고
# 기록하기

　항상 비슷한 다짐을 하지만 오래 지키지 못했다면 방법의 문제일 수 있습니다. 저축을 하겠다 다짐했을 때 주변 친구, 가족, 지인, 온라인 등에 알려본 적이 있나요? 그리고 그 과정을 노트나 일기장에 기록한 적이 있나요? 선언과 기록은 생각보다 더 큰 힘을 가지고 있어요. 아무도 보지 않더라도 자신의 입으로 목표를 말하는 과정에서 할 수 있다는 확신과 자신감이 생기고, 기록을 하면서 내가 선언을 이루는 과정을 눈으로 확인할 수 있죠. 저 또한 저축의 시작부터 블로그에 기록하면서 지금까지 저축을 이어올 수 있었습니다. 선언과 기록은 단순하지만 매우 강력한 힘을 발휘하는 도구입니다.

　주변 사람들에게 알리기 시작하면 저축에 임하는 각오가 달라지는 것을 경험할 수 있습니다. 만약 포기하고 싶은 마음이 들고 더 강한 의지가 필요하다면 블로그같이 공개적으로 기록이 남는 곳에 선언해보세요. 같은 목표와 관심사를 지닌 사람들을 더 쉽게 만나고 응원받으면서 저축 생활이 조금 더 즐거워질 수 있습니다.

**저축 초반부터 꾸준히 기록한 블로그 글**


　원대한 목표나 꿈이 아니어도 괜찮아요. 저도 처음에는 일주일에 1회 기록하기로 시작해 많은 변화를 겪었습니다. 원했던 목표도 이루고 더 큰 꿈도 꿀 수 있게 됐죠. 저축을 간절하게 원한다면 선언과 기록을 잊지 말고 시작해보세요.

## 선언하기

1. 나는 20__년까지 반드시 _____을/를 이룰 것이다.

2. 나는 목표를 이루기 위해 가장 먼저 _____을/를 시작(시도)할 것이다.

3. 매월 _____만 원의 저축을 하며, 그만큼 저축하기 어렵다면 _____을/를 통해 충당하려 노력한다.

4. 매주 _____요일에 _____시간 _____을/를 공부해 더 성장하기 위해 노력한다.

5. 나에게 _____한 상황이 생기지 않는 한 절대 목표를 포기하지 않는다.

6. 내가 선언한 이 말을 _____에게 알려 나의 의지를 보여주고 _____에 이 과정을 기록할 것이다.

## 기록하기

1. 어디에 기록할 예정인가요? (일기장, 블로그, 영상, SNS)

2. 기록하는 주기는 어떻게 되나요? (매일, 일주일에 1회, ○요일마다, 1개월에 1번)

3. 어떤 내용을 기록할 예정인가요? (목표 달성 여부, 도전했던 것, 개인적인 감정, 다음 계획)

# 2장

# 저축 중반

## 3,500만 원에서 1억 원까지

# 연봉 2,400만 원으로
# 연 3,500만 원을 저축하다

  평범한 직장인은 1년에 얼마나 저축할 수 있다고 생각하세요? 제가 가장 처음 저축을 시작했을 때 정한 목표는 5년에 1억 원, 1년에 2,000만 원, 1개월에 166만 원이었습니다. 그런데 놀랍게도 저축을 시작한 첫 1년간 모은 금액은 무려 3,500만 원입니다. 처음 계획보다 1,500만 원을 더 저축했죠. 심지어 당시 제 연봉은 약 2,400만 원으로 연봉 협상을 한 후에도 실수령액은 여전히 200만 원 언저리였어요.

  1년에 3,500만 원이라는 돈을 현금으로 모으려면 단순 계산만 해봐도 월 291만 원이라는 꽤 부담스러운 금액을 저축해야 합니다. 도대체 월급이 200만 원도 안 되는 사람이 어떻게 모든 생활비를 제하고도 월평균 291만 원이라는 큰 금액을 저축할 수 있었을까요? 앞에서도 언급한 저축에 도움이 되는 습관 덕분이기도 하지만, 결정적인 이유는 부업으로 도전한 유튜브, 블로그 등 온라인 플랫폼에서 수익이 생겼기 때문입니다.

막 저축을 시작했을 때, 월 166만 원이라는 금액은 굉장한 부담이었어요. 아무리 적게 쓴다고 해도 한창 꾸미고 놀기 좋아하는 20대 성인이 줄일 수 있는 소비의 한계가 있었으니까요. 하지만 목표 금액을 줄이거나 저축 기간을 늘리는 식의 양보는 하지 않았습니다. 돈이 부족하면 벌면 된다고 생각했고, 일용직을 하든 아르바이트를 구하든 무조건 부족한 금액을 채워 저축할 거라고 굳게 다짐했어요. 물론 가능하면 그러고 싶지 않았기에 미친 듯이 노력했습니다. 다행히 저축을 시작한 이후 지금까지 일용직이나 아르바이트같이 시간을 돈으로 바꾸는 일을 한 적은 거의 없습니다.

혹시 '패시브 인컴passive income'이라는 말을 아시나요? 일하지 않아도 들어오는 소득, 흔히 말하는 불로소득을 말합니다. 제가 저축을 시작한 가장 큰 이유는 조기에 은퇴하기 위해서였고, 조기 은퇴를 한 사람들은 어떻게 준비했는지 자료를 찾아보다 패시브 인컴을 알게 됐습니다. 그 전까지는 단순히 돈을 많이 모아 그 돈으로 은퇴한 후 안정적인 생활을 누려야겠다고 생각했는데, 패시브 인컴만 잘 만들어둔다면 은퇴 후에도 자산이 계속 늘어나 더 평탄한 생활을 누릴 수 있다는 사실을 알았어요. 그래서 패시브 인컴을 만들어봐야겠다는 생각을 하게 됐죠.

패시브 인컴에는 이자, 주식 배당금, 부동산 월세, 자동 판매 수익 등이 있어요. 이것들의 공통점은 내가 아무것도 하지 않아도 기존에 만든 일꾼(자산, 상품, 콘텐츠)이 알아서 돈을 번다는 거예요. 하지만 주식이나 부동산은 재테크를 해본 적도 없고 투자할 자본도 없는 사람의 경우 진입 장벽이 높죠. 게다가 잘못 선택하면 원금도 손실될 수 있습니다. 그래서 아래와 같은 것을 찾아봤습니다.

1. 원금 손실의 위험이 없거나 0원으로 시작할 수 있는 것

2. 한번 만들어두면 이후에 관리가 필요하지 않은 것

3. 일꾼 수를 늘리는 데 한계가 없는 것

이미 월급이라는 안정적인 수입이 있었기에 큰 수익을 바라진 않았어요. 1원이라도 자동으로 벌어보자는 생각이었죠. 그래서 찾은 것이 바로 온라인 콘텐츠와 상품 판매였습니다. 앞서 말한 3가지 조건에 완벽하게 부합했으며 자아실현까지 할 수 있다니 저에겐 최고의 수익 수단이었습니다. 그렇지만 누구나 쉽게 시작할 수 있는 만큼 수익을 내는 것도 쉽지 않았어요. 누군가는 거기에 투자할 시간에 아르바이트를 하면

더 많은 돈을 벌 수 있지 않느냐고 묻기도 했죠. 반은 맞고, 반은 틀렸어요.

아르바이트를 하면 내가 일을 잘하든 못하든 최저임금은 받을 수 있습니다. 온라인에서 수익이 나기까지 투자하는 시간과 비교하면 훨씬 빨리 많은 수익을 얻을 수 있어요. 하지만 아르바이트는 그만두면 아무도 돈을 주지 않습니다. 시간을 돈으로 바꾸는 것이기 때문에 내 시간을 제공하지 않으면 그 누구도 돈을 주지 않아요.

그에 반해 온라인을 통해 만든 패시브 인컴은 별 의미 없는 작은 수익에서 시작해 자동으로 일하는 일꾼의 수가 늘어남에 따라 수익이 점점 배로 커집니다. 심지어 일꾼은 사후 관리도 필요 없고, 24시간 365일 아무 조건 없이 돈을 벌어다 줘요. 만약 1명의 일꾼이 100원의 수익을 가져다준다고 가정한다면 100명이면 1만 원의 수익이 생깁니다. 만약 그중 10만~100만 원의 가치를 지닌 일꾼도 존재한다면 그 수익은 걷잡을 수 없이 커집니다. 이게 제가 말하고 싶은 아르바이트와 패시브 인컴의 차이입니다.


사실 온라인 콘텐츠 제작은 수익을 보고 시작한 일은 전혀 아니었어요. 평범한 20대가 어떻게 저축을 시작하는지, 어떻게 성장하는지 그 과정을 공유하고 공감받고 싶었고 여기에 가능하면 돈까지 벌어보고 싶다고 생각했을 뿐이죠. 그런데 취미로 시작한 일들이 가면 갈수록 큰 관심을 받았고, 다양한 곳에서 협업 제안이나 매체 출연 제의가 오며 점차 부수입이 늘어났습니다. 다행히 겸업 금지 조항이 없는 회사에 다녔기에 마음 편히 퇴근 후와 주말에 시간을 투자할 수 있었던 점도 큰 도움이 됐습니다.

그렇게 퇴사 직전까지 월평균 50만~100만 원 정도의 부수입을 온라인 콘텐츠와 상품을 통해 올렸기에 최종적인 총수입은 늘 300만 원 이상을 유지했고, 절약 습관에도 점차 적응해갔기에 나중에서는 10만~20만 원을 제외한 수입의 전부를 저축하면서 1년에 3,500만 원이라는 큰돈을 저축할 수 있었어요. 그리고 거기서 1년 반이 지났을 땐 6,500만 원을 더 저축해 1억 원이라는 자본을 만들 수 있었죠.

시작은 매우 사소했어요. 누구도 저를 신경 쓰지 않았고 제게 관심 가져 주지 않았습니다. 하지만 진심으로 원하는 목표가 있었기에 절실하게 저축했고, 부수입을 거두기 위해 노력하고 연구하는 데 많은 시간을 투자했습니다. 그랬기에 이런 의미 있는 결과를 낼 수 있었습니다. 중요한 건 내가 돈을 어떻게 바라보고 있으며, 어떤 계획을 가지고 어디로 달려가는지입니다. 어떻게 하면 아주 일부분의 시간이라도 돈으로 바꾸지 않고 일할 수 있을지 깊이 생각해보세요.

# 저축은 궁상맞다?
## 저축에 대한 고정관념 깨기

'절약'이라는 단어를 떠올리면 어떤 생각이 드나요? 궁상맞다, 억척스럽다, 보기에 좋지 않다, 얻어먹는다, 불쌍하다, 가까이하기 싫다 등등 부정적인 말이 떠오르지는 않나요? 그렇다면 저처럼 절약을 하는 사람은 어떻게 보이나요? 절약이라는 단어가 주는 느낌처럼 억척스럽고 불쌍해 보이나요?

바라보는 사람에 따라 그럴 수 있지만 저는 그렇게 느끼지 않습니다. 제가 생각하는 절약하는 사람은 정말 필요한 소비가 무엇인지 구분할 줄 알고, 경제관념이 있으며, 쓸 때 제대로 쓰고 아낄 땐 확실하게 아낄 수 있는 건강한 소비력을 지닌 사람이거든요.

과거에는 저도 절약에 대한 고정관념이 있었기 때문에 건강한 절약이 가능한 줄도 몰랐어요. 무조건 아끼고 또 아끼는 게 절약의 전부라고 생각했죠. 하지만 시간이 지나면서 그런 절약은 나를 더 힘들게 만든다는 사실을 깨달았습니다. 제가 추구하는 이상적인 절약은 '필요한 것은 100% 취하고, 필요하지 않은 것은 100% 버리는 것'입니다. 인터넷이나 책 등에서 말하는 저축, 절약 노하우를 보면 공통적으로 예산을 세우고 소비를 줄이라고 이야기해요. 물론 그것도 정답입니다. 하지만 저는 모두가 똑같은 방법으로 절약하고 저축할 필요는 없다고 생각해요. 우선 자신이 어떤 사람인지 잘 아는 게 더 중요합니다.

저는 쇼핑이나 미용, 여행 등 20대 여성이라면 대체로 관심 갖는 것들에 큰 흥미가 없습니다. 하지만 삶의 질을 높이거나, 무언가를 배우거나, 도전할 때는 다른 사람보다 더 쉽게 소비하는 경향이 있습니다. 그래서 크게 관심 없는 화장품, 여행, 쇼핑 등의 소비는 과감하게 100% 끊었어요. 대신 그렇게 아낀 만큼 주거 환경에 투자하거나 읽고 싶은 책을 사고, 맛있는 음식을 먹는 등 제가 좋아하는 곳에 아낌없이 썼죠.

예를 들어 절약을 한다고 하면 여름에도 에어컨을 켜지 않고 겨울에도 보일러를 틀지 않으면서 살 거라 생각하는데, 저는 개인적으로 집에서의 생활을 무엇보다 중요하게 생각하기에 여름에는 24시간 에어컨을 틀고, 겨울에도 가능하면 적정 실내 온도를 유지하기 위해 아낌없이 돈을 씁니다. 삶의 질을 높이기 위해서라면 애매하게 행동하는 게 아니라 100% 만족할 만큼 투자하는 거죠.

이전에 살았던 집 중 하나는 에어컨을 직접 설치해야 했는데, 에어컨 구매와 설치에 60만 원 이상의 돈을 쓰는 저를 보며 어떤 분은 절약한다면서 에어컨을 사면 어쩌냐는 굉장히 무례한 말을 하기도 했어요. 하지만 사람마다 생각하는 소비의 가치는 달라요. 어떤 사람은 여행을 쉽게 포기하지만 어떤 사람은 죽어도 여행은 가야 하죠. 그렇기에 누가 맞다 틀리다, 얼마를 써야 한다 등등 각자의 의견을 내세우고 소비관을 주장할 필요가 없어요. 내가 좋아하고 절대 포기하지 못하는 것은 취하고, 나에게 큰 가치가 없는 소비는 완전히 포기하며 이상적인 절약 생활을 이어가는 게 좋지 않을까 싶습니다.

전체적으로 얼마나 아낄 수 있는지에 집중하기보다 남들 시선에 맞춰서 반강제로 소비하는 것이 있는지 찬찬히 따져보고 필요 없다면 과감하게 없애보세요. 이런 소비에는 넷플릭스, 웨이브와 같은 OTT 서비스, 정기 구독, 미용, 여행 등 개인의 취향이나 취미에 관련된 게 많아요. 이제는 안 보는 사람을 찾기 어려운 OTT 서비스도 사실상 돈 낸 만큼 보지 않아서 아깝다는 사람을 많이 봤습니다. 그럼에도 언제 재밌는 영화나 드라마가 나올지 몰라 끊지 못하고 계속 값을 지불하고 있더라고요.

"다른 사람과 비용을 나눠 내서 괜찮아요." "부담스럽지 않아요."라고 말하는 분도 있어요. 하지만 내 주머니에서 적은 돈 하나 새는 것도 막지 못하는데 어떻게 큰돈을 지킬 수 있을까요? 항상 머리를 쥐어뜯게 만드는 카드 고지서를 볼 때도 아주 적은 돈이 모여 큰 금액이 된 경우가 많지 않나요? 20만 원, 50만 원을 결제할 때는 돈을 필요 이상으로 지출하고 있다고 인지할 수 있지만, 1,000원, 2,000원은 마치 버리는 돈처럼, 그냥 써도 상관없는 돈처럼 여기는 분도 적지 않을 거예요.

저는 매월 가계부를 정리하며 필요하지 않았는데 결제했던 것을 '불필요 소비' 항목으로 정리하고 있습니다. 5만 원 이상의 소비는 사전에 계획하고 생각하고 실행한 경우가 많기 때문에 아깝거나 아쉽지 않은데, 1,000원, 3,000원 등 자잘한 편의점 간식, 용품을 구매한 금액은 매번 아깝게 느껴집니다. 소비 습관이 잡혀 있는데도 이 적은 돈을 허투루 쓴 게 굉장히 아쉬운 거죠.

"티끌 모아 티끌이다."라며 저축을 우습게 보거나 무작정 높은 수익 내기에만 집중하는 분도 있습니다. 하지만 우리가 그렇게 무서워하는 카드 고지서는 사실 티끌이 모여 태산이 돼버린 결과물입니다. 이 정도는 괜찮겠지, 얼마 안 썼겠지 했지만 결국 모아보면 무시할 수 없는 큰 금액이 됩니다.

정신을 잘 차려야 합니다. 돈을 더 버는 데 집중하기보다 적은 돈을 낭비하는 것부터 막아야 큰 소비도 막을 수 있습니다. 필요하지 않은 소비는 100% 줄여야 절약을 하면서도 나를 진정으로 행복하게 만드는 소비는 이어갈 수 있어요.

# 돈만 모았을 뿐인데
# 달라진 것들

0원부터 1억 원까지 저축하며 성장하는 과정을 온라인에
업로드하면서 느낀 것 중 하나는 조건에 따라 사람들의 시선
이나 행동이나 환경이 바뀐다는 점이었어요. 쉽게 도달할 수
없는 저축 목표와 그 목표를 이루기 어려운 조건을 갖춘 저에
게 응원의 메시지를 보내는 사람들도 있었지만 비난, 조롱,
무시 등 부정적으로 대하는 사람도 적지 않았습니다. 태어나
서 처음 받아보는 날 선 비난의 글에 상처를 입고 정말 내가
바보 같은 선택을 한 걸까 진지하게 고민도 해봤죠.

하지만 끝까지 해봐야 진짜 바보 같았는지 그렇지 않았는
지 알 수 있다고 판단해 남의 말이나 시선이 아닌 100% 저의
생각을 따라가보기로 했어요. 영상에 담긴 제 일부만 보고 이
렇다 저렇다 하는 가벼운 의견에 휘둘리고 싶지 않았습니다.

그런데 신기하게 제가 어떤 말에도 흔들리지 않고 목표 지점과 가까워지는 모습을 보여줄 때마다 비난의 시선이 점점 동경의 시선으로 바뀌었어요. 동경의 시선을 받고자 일부러 한 행동은 단 하나도 없지만 약 3년간 확고한 삶의 목표와 그것을 이루기 위한 행동 및 노력을 결과에 상관없이 숨기지 않고 보여줬기 때문에 긍정적인 변화가 생기지 않았나 생각합니다.

저는 여전히 부족하고 배워야 할 게 너무 많은 사람이에요. 열심히 노력한 저를 사람들이 긍정적인 시선으로 바라봐주고 응원하는 것은 너무 기쁜 일이지만 앞으로 보여줄 게 훨씬 많기에 마냥 좋아하기엔 이르다는 생각이 듭니다. 그렇지만 저축하는 과정을 공개한 약 3년 동안 그토록 그만두고 싶던 직장이라는 쳇바퀴에서 벗어났고, 좋아하는 일로 만족할 만큼 수익을 내는 새로운 저를 찾게 됐습니다. 단지 돈만 모았을 뿐인데 인생의 방향 자체가 놀랄 만큼 달라진 거죠. 저축을 시작하지 않았거나 적당히 저축했다면 저는 여전히 회사에 다니고 있었을 것이고, 할 수 있는 게 없으니 회사를 그만두고 싶어도 그만두지 못하는 삶을 이어갔으리라 확신해요.

제가 모든 사람이 한 번쯤은 꿈꿔본 자유로운 삶으로 나아갈 수 있었던 이유는 그런 삶이 간절했기 때문이에요. 단순히 많은 돈을 모으기 위해서가 아니라 자유로운 삶을 살기 위해 저축을 시작했고, 성공이 보장되지 않았음에도 패시브 인컴을 만들기 위해 모든 여가 시간을 투자했기에 여기까지 올 수 있었다고 생각합니다.

아직도 원하는 최종 목표에 도달하기까지는 먼 길이 남았지만 바닥부터 지금까지 혼자 힘으로 많은 것을 해냈다는 게 매우 뿌듯해요. 주변 시선이나 행동도 많이 달라졌습니다. 비난으로 가득 찼던 댓글 창에 인정, 조언, 응원의 글이 많아졌고 저에게 저축 방법에 대해 진지하게 상담하거나 조언하는 사람들이 많아지면서 이를 통한 다양한 기회까지 얻게 됐습니다.

그뿐 아니라 주변 사람까지 자연스럽게 진취적인 사람으로 가득 채워졌죠. 일어나지도 않은 일부터 걱정하며 겁을 주는 게 아니라, 어떤 말을 해도 너라면 충분히 가능하다며 진지하게 같이 고민해주는 사람이 주변에 있을 때 인생은 더 빠르게 긍정적으로 바뀌더라고요. 실제로 저축하는 과정에서 알게 된 그런 친구들 덕분에 저축 속도가 매우 빨라졌고, 뭐든 할 수 있다는 자신감도 생겨 더 과감한 투자도 해보고 자기 계발도 해보았습니다.

그러다 보니 더 멋진 내가 만들어지기 시작했습니다. 저 스스로 현재 삶에 안정감을 느끼게 되면서 누군가 저에게 조언을 구할 때 진심으로 조언해줄 수 있었고, 일이 들어와도 당장의 수익이 아닌 장기적인 면까지 깊게 고민하며 최고의 선택만 할 수 있게 됐어요.

저는 이게 돈이 주는 기쁨과 안정감, 편안함이라고 생각합니다. 저축을 시작했을 때 남의 의견에 이리저리 휘둘렸다면 과연 여기까지 올 수 있었을까요? 내가 맞는다고 생각하면 그것이 증명될 때까지 최선을 다해 노력해야 해요. 해보고 안 되면 다른 목표를 세우면 되죠. 너무 어렵게 생각하지 말고 우선 시작하면서 옳은 방향을 찾아가보세요.

《백만장자 시크릿》이라는 책에 무언가를 시작할 때 '준비, 발사, 조준' 순서로 해보라는 내용이 나와요. 준비됐다면 우선 시작해보고, 하면서 방향을 조정하는 게 성공으로 가는 지름길이라는 말이죠. 만약 무언가 해보고 싶은 생각이 들었다면 일단 시작하세요. 그리고 지금 주변에서 나를 흔드는 사람이나 말에 흔들리지 마세요. 시간이 지난 후에 후회나 남 탓을 해봤자 돌이킬 수 있는 건 아무것도 없어요. 나만 더 괴로울 뿐입니다. 오히려 누군가 넌 못할 거라고 했을 때 "내가 왜 못해?" 하며 그 말을 자극제로 활용하세요. 그렇게 하면 내가 맞다고 증명하기 위해 더 열심히 노력할 수밖에 없더라고요.

저축을 하겠다고 다짐했다면 그냥 하세요. 처음에는 어떤 방법이든 상관없습니다. 누군가에게 조언을 얻거나 조금 더 쉬운 방법을 알 수 있다면 좋겠지만, 그럴 수 없다면 무작정 저축해보면서 알아갈 수밖에 없어요. 그렇다고 자신이 처한 상황에 대해 비관하지는 마세요. 당연한 건 없어요. 누군가가 돈을 쉽게 벌었다고 해서, 또는 짧은 기간에 많은 돈을 저축했다고 해서 내가 못난 건 아닙니다. 피어나는 시기가 사람마다 다를 뿐이죠. 나는 나에게 최선을 다하면 됩니다. 내가 그렇게 행동하고 스스로 당당해지면 주변에서 나를 대하는 태도와 시선, 나에게 주어지는 기회, 주변 사람까지 달라지는 것을 분명 느끼게 될 거예요.

# 전셋집을 구하고
## 진짜 어른이 되다

 

돈을 모으면서 가장 기뻤을 때는 언제였냐고 물어본다면 제힘으로 전셋집을 구했을 때라고 말하고 싶어요. 사실 그 전까지 부모님 댁에서 지냈고, 30분 거리에 회사가 있었기에 굳이 자취를 할 이유는 없었습니다. 하지만 취미로 운영하던 유튜브에서 수익이 생기고 있었고 부모님과 같이 생활하다 보니 여러 가지로 신경 쓸 일이 많아 조금 더 나에게 집중하기 위해 작업실 겸 자취방으로 사용할 집을 같은 동네에서 찾아보기로 했어요.

당시 저는 중소기업에 다녔기에 중소기업청년전세대출(중기청)이라는 대출 상품을 1.2% 금리로 이용할 수 있었는데, 이 저금리 대출 상품을 이용하면 월 최대 12만 원 정도의 이자만 내고 1억 원의 자금을 융통할 수 있으니 충분히 집을 구할 수 있다고 생각했죠. 또 저축을 통해 어느 정도 자금을 모은 지금이 부모님에게서 독립할 때라는 생각도 들었습니다.

당시는 전세 가격이 높을 때라 매물을 찾기 어려웠습니다. 원하는 가격대의 집은 상태가 별로이거나 위치가 별로이거나 너무 오래된 경우가 많았어요. 7월의 무더운 날씨에 동네에 있는 부동산을 전부 돌아보며 집을 고르고 골랐습니다. 결국 오래됐지만 가격도 적당하고 내부도 어느 정도 리모델링된 집을 계약할 수 있었죠. 8,000만 원의 전세금 중 80%는 앞서 말한 중기청을 이용하고 나머지 20%는 제 돈을 내 이사하게 됐는데, 만 24살이라는 나이에 부모님의 도움이나 추가적인 신용대출 없이 잔금을 치를 수 있다는 게 너무 뿌듯하고 기쁘더라고요. 저렴한 월셋집만 전전하다 처음으로 전셋집에 살게 되니 조금 더 내 집같이 느껴지기도 했습니다.
당시 저축을 시작한 지 6개월 정도밖에 안 됐을 때라 이렇게 빠른 기간에 모든 금전적인 일을 가진 돈만으로 해결할 수 있다는 사실이 자랑스러웠고, 이때 저축이 주는 큰 기쁨을 처음으로 경험했습니다. 돈이 있으면 내가 원하는 일을 문제없이 할 수 있다는 명쾌한 깨달음은 한동안 굉장한 저축 시너지 효과를 일으켰습니다. 저는 어려운 일이 있더라도 포기하지 않을 힘을 얻었고, 더 많은 저축에 대한 동기를 부여받았습니다. 끝까지 해냈을 때 도대체 어떤 일까지 할 수 있을까 하는 궁금증에 멈출 수 없었습니다. 그래서 더 열심히 저축과 독서를 하고, 다양한 강의를 들으며 열심히 모은 돈을 잘 불릴 방법을 하나씩 찾아나갔죠.

저는 어른이란 스스로 선택한 결과로 자신과 자신의 가족까지 책임질 수 있는 사람이라고 생각합니다. 전셋집을 구하기 전에도 스스로 번 돈으로 무언가를 사본 경험은 있었지만 큰일이 생기거나 돈 문제가 생겼을 때는 결국 부모님에게 의지했어요. 제가 구한 집이 누가 봐도 깨끗하고 좋은 집은 아니었습니다. 하지만 처음부터 끝까지 다른 사람의 도움 없이 오로지 제 힘만으로 돈을 모으고 그 집을 구했을 때, 저는 '이제야 나도 나를 책임질 수 있는 어른이 됐다.'라고 생각했습니다.

처음부터 자취방을 구하자고 돈을 모았을까요? 전혀 아닙니다. 오히려 자취는 돈이 많이 드니 가능하면 시작하지 말자고 결심하기도 했죠. 그렇지만 예측하지 못한 시기에 예측하지 못한 일이 터질 때가 있어요. 집이야 제가 스스로 고민하고 결정한 일이긴 하지만 인생을 살아가다 보면 전혀 생각지도 못한 일, 특히 큰돈이 당장 필요한 순간이 분명히 찾아옵니다. 그럴 때 저축한 돈이 하나도 없다면 그 돈은 어떻게 마련해야 할까요? 어린 나이에 신용 대출을 받거나 가족, 친구에게 머리를 숙여가며 조금씩 돈을 빌리거나 심하면 불법 대출까지 손댈 수 있죠. 세상일은 아무도 예측할 수 없어요. 지금 당장 부모님도 건강하고 나도 건강하고 가정이 편안하다고 해서 저축을 손 놓고 있으면 이후 나의 선택을 후회하게 될 일이 생깁니다.

　제가 생각하는 저축하기 가장 좋은 시기는 '아무 일도 일어나지 않을 때'입니다. 큰돈이 필요 없을 때 저축해야 가장 행복하고 안정적으로 별 탈 없이 저축을 이어갈 수 있어요. 보통 급작스럽게 저축하는 분들을 보면 결혼 자금이나 부동산 잔금, 치료비 등 예상하지 못한 것들에 의해 허리띠를 졸라매더라고요. 그러면 정말 나쁘고 건강하지 않은 극단적인 절약을 할 수밖에 없고, 자신의 성향이나 목표 그 무엇도 챙길 수 없는 지옥의 레이스에 참여할 수밖에 없습니다.

　지금 이 책을 읽고 있는데 금전적으로 아무 문제가 없다고요? 그럼 지금이 저축을 시작할 가장 좋은 타이밍입니다. 여유가 있으면 나의 소비 성향, 인생 목표, 중요한 것이 무엇인지 차근차근 알아가며 재밌게 저축할 수 있어요. 일이 닥쳤을 때 원치 않는 괴로운 저축을 급작스럽게 시작할지, 별다른 일 없이 평온할 때 건강하게 저축할지 선택하는 건 오로지 여러분의 몫입니다.

# 경제적 자유가
# 뭐라고 생각하세요?

'경제적 자유'의 기준은 뭘까요? 많은 돈, 좋은 집, 좋은 차일까요? 스스로를 조금 더 잘 들여다보면 자신이 원하는 건 훨씬 더 단순하다는 사실을 깨달을 수도 있습니다. 제가 생각하는 경제적 자유의 기준은 이래요.

- 작지만 편하게 쉴 수 있는 집
- 가끔 '차박' 정도는 할 수 있는 차
- 일하지 않아도 들어오는 200만 원 이상의 월 수익
- 먹고 싶은 만큼 먹고, 놀고 싶은 만큼 놀아도 불안하지 않은 삶

파이어족, 경제적 자유라는 단어의 무거움에 비하면 꽤 소

박한 조건 아닌가요? 그저 내 집에서 평생 외부의 압력 없이 편안하게 노후까지 보내는 게 저에겐 가장 중요한 인생의 목표죠. 아마 여러분의 경제적 자유 기준도 큰돈과 명예보다는 안정적인 삶에 더 초점이 맞춰져 있는 경우가 많을 거예요. 실제로 재테크 독서 모임을 여러 번 진행하면서 20~30대 또래 친구들에게 각자의 경제적 자유에 대한 기준을 물어봤는데 부자가 되고 싶다는 의견보다 나를 포함한 가족이 돈에 구애받지 않고 편안하고 안정적으로 살아갔으면 좋겠다는 의견이 훨씬 많았습니다. 여러분의 경제적 자유 기준도 한번 생각해보세요.

1. 내가 원하는 경제적 자유에 필요한 자산을 액수로 말하자면?

2. 나는 어떤 집에 살고 싶은가?

3. 나는 평소에 어떤 생활을 하며 지내고 싶은가?

4. 누구를 위해 어떤 일을 하며 살고 싶은가?

5. 돈이나 경제적인 이유, 상황 때문에 포기한 일이 있는가?

6. 누가 나에게 가장 소중한가? (가족, 반려동물, 친구 등등)

## 7. 큰돈을 준다고 해도 하기 싫은 일은 어떤 것인가?

저축은 평범한 사람이 인생의 목적지에 도달하기 위한 첫 단계일 뿐입니다. 남들 따라 돈을 모으고 재테크를 공부하더라도 내가 진짜로 원하는 삶이 무엇인지 모른다면 방향을 잃기 쉽죠. 부자들은 돈을 벌기보다 지키기가 더 어렵다고 말해요. 중요한 부분은 빠뜨린 채 오로지 돈만 보고 달려간다면, 당장은 괜찮은 성과를 낼 수 있지만 후에 잘못된 선택으로 지금까지 이뤄온 모든 것을 잃을 수도 있어요. 투자를 통해 자산을 키우고, 잘 불리는 것도 중요하지만 그 자산을 지키는 법을 배우는 것도 매우 중요합니다.

주식을 한 번이라도 해봤다면 주가가 오를 때는 '조금만 더! 조금만 더!'라며 팔지 못하다가 막상 주가가 최고점을 찍고 내려가면 '아, 그때 팔걸.'이라며 후회한 경험이 있을 거예요. 주가가 떨어질까 봐 종일 스마트폰만 붙들고 전전긍긍하며 할 일조차 제대로 못했던 경험도 있을 거예요. 이런 경우가 당장의 수익, 달콤함만 좇다 정말 중요한 건 놓치게 되는 경우입니다. 하지만 만족스러운 삶의 기준이 명확하다면 위험한 유혹에 빠졌을 때 이성적으로 정확히 판단하고 벗어날 수 있어요.

종잣돈을 모은 후 원하는 시점까지 전투적으로 투자하며

빠르게 성장하는 것도 좋지만, 내가 원하는 수준에 어느 정도 도달했다면 그 후에는 안정적인 자산을 늘리고 지키는 데 집중하며 새로운 도전을 조금씩 해보는 게 가장 이상적입니다. 부동산으로 예를 들자면 처음에는 시세 차익을 목적으로 공격적으로 투자하며 매매하다 안정기에 접어들면 월세 수익을 목적으로 특정 부동산에 장기 투자하는 경우가 될 수 있겠죠.

저의 경제적 자유 기준에 포함되는 '작지만 편하게 쉴 수 있는 집'은 사실 더 정확하게 말하자면 테라스가 넓은 빌라를 의미합니다. 빌라를 선호한다고 하면 이해하지 못하는 사람들도 많아요. "왜?"라고 물을 때가 많죠. 저는 아파트에서도 살아봤고, 빌라에서도 살아봤지만 빌라 거주 경험이 더 좋은 기억으로 남았습니다. 그래서 투자 목적으로 수익률이 좋은 아파트를 매매하더라도 실제로 거주할 집은 빌라라고 생각했는데 실거주용 집도 아파트가 아니면 안 된다고 생각하는 사람들이 꽤 많더라고요.

부동산 경험담을 보면 빌라로 시세 차익을 얻는 분, 월세로 다달이 큰 임대 수익을 얻는 분, 빌라만 매매하는 분도 있습니다. 제대로 공부하고 투자하면 실거주용이나 투자용, 혹은 다른 어떤 용도로 빌라를 매매해도 크게 손해 보지 않을 수 있다고 생각합니다. 하지만 이런 제 의견을 여전히 잘 이해하지 못하는 분들이 많아 이제는 굳이 먼저 이런 생각을 말하지는 않습니다.

사실 남의 의견은 상관없어요. 누군가의 이해를 바랄 필요도 없고요. 다만 제가 모두가 아파트를 말할 때 제가 원하는 건 빌라라고 말할 수 있는 것처럼 남들에겐 별로로 보이는 게 나의 행복의 기준이라면 절대 포기하지 않았으면 좋겠어요. '내가' 그러고 싶고, '내가' 그것을 바라니까요.

나는 ...

- 매일 도서관에 가서 책을 읽다가 집에 오고 싶어.

- 다른 사람들에게 도움이 되는 삶을 살고 싶어.

- 자원봉사를 아낌없이 할 수 있는 삶을 살고 싶어.

- 종일 영화를 볼 수 있는 삶을 살고 싶어.

어떤 사람들은 경제적 자유에 도달한다고 해도 직접 일해서 수동적인 수입을 얻기도 합니다. 그걸 보고 경제적 자유를 이뤘다고 떵떵거리더니 돈이 다 떨어지니까 다시 일을 하는 거냐며 날 선 말을 하는 사람도 있지만 제 눈에는 조금 다르게 보여요. 평범한 사람들은 수입을 얻기 위해 노동을 제공하는 반면 경제적 자유를 이룬 사람들은 수입에 상관없이 내가 온전히 좋아하는 일, 누군가에게 도움이 될 수 있는 일을 선택한 것입니다. 어떤 일을 선택한 이유는 그 사람이 아니면 100% 이해할 수 없어요. 내가 중요하게 생각하지 않은 이유가 어떤 사람에게는 살아갈 이유가 되기도 하니까요.

모두 똑같이 살아가며 평범한 선택을 할 이유는 없어요. 그런 고정관념이 있었다면 지금부터 버리고, 내가 진정으로 원하는 것이 무엇인지 들여다보길 바랍니다. 내 인생 누가 사나요? 바로 나죠. 남들과 다른 기준으로 행동했을 때 들려오는 의견은 크게 신경 쓰지 마세요. 대체로 해보지도 않고 어디서 들은 내용으로 겁을 줄 확률이 높습니다. 내가 행복하면 그걸로 끝! 다른 사람에게 휘둘리지 마세요.

# 덜 쓰는 것보다 중요한 것은
# 잘 쓰는 것

    돈을 너무 많이 쓰고 씀씀이를 줄이지 못하는 것도 큰 문제지만 반대로 돈을 쓰지 못하는 것도 굉장히 큰 문제입니다. 돈을 아끼면 좋은 것 아닌가, 싶겠지만 100원짜리 동전 하나에도 벌벌 떨고, 돈 쓰는 게 무서워 먼 거리도 무작정 걷거나 친구와 만났을 때 먹고 싶지도 않은 가장 저렴한 음식만 고른다거나 하며 강박적으로 절약할 때가 있었습니다. 돈 때문에 가장 피하고 싶었던 사람이 된 제 모습을 보게 됐을 때는 충격에서 벗어나기 힘들었죠. 돈에 구애받고 싶지 않아서 저축을 시작했던제가 어느새 돈에 미친 듯이 집착하고 있었던 겁니다.

    코로나19가 유행할 때였습니다. 아무 생각 없이 회사 건물 바로 밑 구내식당에서 점심을 해결하며 지내다가 어느 날

1개월 정도 식당을 이용하지 못한다는 말을 들었습니다. 당시 신입 사원이던 저는 법인 카드 쓸 때 남들보다 더 눈치가 보이기도 했고, 아끼는 것에 집착이 심할 때라 똑같은 돈이라도 더 가치 있게 쓰고 싶어 편의점에 갔습니다.

삼각 김밥 2~3개, 핫 바 1개 또는 도시락 1개, 컵라면 1개 정도만 사도 금방 식대가 채워졌기에 선택지는 많지 않았어요. 그런 음식을 최대한 많이 구매해 그중 1개는 점심으로 먹고 나머지는 집에 가져가 저녁과 주말에 먹으면서 식비 지출 없이 버티기 시작했습니다.

그렇게 1개월 동안 몸에 나쁜 편의점 즉석식품만 먹으면서 식비 0원 지출이라는 놀라운 기록을 달성하기도 했죠. 하지만 그게 자랑스럽거나 뿌듯하지는 않았습니다. 누가 이런 나를 보면 불쌍하게 여길까봐 다른 동료들이 점심을 먹고 오기 전에 음식을 급하게 사서 숨겨두거나, 그렇게 산 음식을 마땅히 먹을 곳이 없어 비상계단에 쪼그려 앉아 허겁지겁 먹고 들어갔던 기억도 있습니다. 정말 생존 외의 목적은 단 하나도 없는 식생활이었죠.

당시 저는 참 가슴 아플 정도로 아끼고 아꼈습니다. 자신을 가꾸는 건 진작에 포기했고, 떡볶이, 치킨같이 제가 좋아하는 음식도 공짜로 얻을 수 없다면 보상으로도 주지 않았습니다. 목표로 하는 월 저축액을 달성했기에 한 번쯤은 먹을 수 있는 상황이었음에도요. 그 누구도 말릴 수 없는 '절약 폭주 기관

차'가 따로 없었죠.

저는 오래전부터 닌텐도 스위치라는 게임기를 정말 가지고 싶었어요. 중고로 대략 20만~50만 원에 구매할 수 있죠. 하지만 오로지 재미만을 위한 기계였기에 사면 안 된다고 판단했습니다. 2년 넘게 게임기를 구매하지 않으려고 기를 쓰며 참았고 중고 마켓 앱에도 판매 알림을 오래 설정해두었지만 매물이 올라와도 결코 구매하는 일은 없었습니다. 가격이 비싸네, 구성이 안 좋네 하며 사지 않을 이유를 억지로 만들어냈죠.

그러다 크게 번아웃이 왔습니다. 이렇게까지 내 입에 들어가는 것, 내 몸에 쓰는 것 하나하나를 오로지 가격만으로 판단하는 삶에 지쳐버렸거든요. 당시에는 '무지출 챌린지'라고 돈을 쓰지 않으며 소비를 줄이는 챌린지가 유행이었습니다. 누구보다 무지출을 많이 하는 절약 생활, 저축을 열심히 하는 나를 보여주고 싶었던 저는 점점 더 극단적으로 변했고, 그런 생활을 지속하다 보니 한계가 닥쳐와 모든 것을 손에서 놓게 됐습니다.

삶의 의미가 무엇인지, 내가 왜 저축을 해야 하는지 모르겠다는 생각에 일주일쯤 아무것도 하지 않고 집에서 시간을 보냈습니다. 그러다가 정말 뭐든 다 포기해버릴 것 같은 느낌이 들어 제 사정을 가장 잘 아는 친구에게 집으로 와달라고 부탁했습니다. 편도로 약 2시간이 걸리는 거리에 사는 친구에게 와달라고 부탁할 만큼 상태가 좋지 않았습니다. 그러고는 친구에게 지금 느끼고 있는 감정, 부담감, 압박감에 대해 털어놓았어요. 게임기를 가지고 싶었다는 것도 자연스럽게 말하게 됐죠. 그런데 제 말을 들은 친구가 해준 말은 꽤 충격적이었습니다.

"그거 당근마켓에 많이 팔지 않아? 너도 사서 해보고 재미없으면 다시 팔아. 왜 고민해?"

해보고 재미가 없어지면 다시 판다. 이렇게 간단한 해결책이 있는데 왜 생각하지 못했을까요? 지금 보기에는 뭐 이렇게 당연한 소리를 하나 싶지만 당시 저는 제대로 된 판단을 내릴 수 없을 정도로 많이 망가져 있었습니다. 그래서 생존에 필요하진 않지만 하고 싶은 일을 해도 된다는 것, 그리고 만약 그게 잘못된 판단이라면 되돌릴 방법까지 존재한다는 데 굉장히 안심했습니다.

저는 그 자리에서 바로 게임기 판매자에게 연락해 구매 의사를 밝혔습니다. 2년이 넘는 긴 시간 동안 정말 가지고 싶었던 물건을 드디어 손에 쥐었을 때, 그 기분은 말로 표현할 수 없을 정도였어요. 돈이 주는 기쁨과 재미가 얼마나 중요한지 다시 느끼게 됐고 자연스럽게 다시 일어날 힘도 얻었습니다.

억지로 돈 쓰는 연습도 시작했어요. 일정 금액을 정하고 그 금액만큼 무조건 물건 사보기, 걷다가 목이 마를 때 주저 없이 음료수 사 먹기, 예산 내에서 소비했다면 나에게 작은 선물 하기 등등 긍정적인 소비를 위해 많은 시도를 했습니다.

그 전까지는 생존에 문제가 없다면 돈을 쓰지 않는 게 제 절약 원칙 중 하나였는데 그 원칙을 깨고 삶의 만족도라는 측면에서 생각하며 소비했어요. '이 돈을 써도 될까?' '이 돈으로 더 가치 있는 것을 살 수 있지 않을까?' 처음에는 이런 압박감을 느꼈는데, 계속 억지로 돈을 쓰는 연습을 하니 점점 건강하고 행복한 소비 패턴을 찾아가기 시작했습니다.

노트북을 구매했던 일도 기억이 납니다. 데스크톱만 있을 때는 일이 잘 풀리지 않거나 집중력이 떨어지는 날엔 잠깐 카페에 가서 일을 하고 싶어도 꾸역꾸역 한자리에 앉아 일해야만 했습니다. 당시 살던 집은 햇빛도 잘 들어오지 않아 있으면 있을수록 우울해졌죠. 어느 날은 정말 일이 너무 지겹고 싫어 그 좁은 집에서 빙글빙글 돌며 어떻게든 책상 앞에 가지 않으려 노력한 적도 있었습니다.

그러다 그냥 노트북을 구매하기로 했습니다. 이성적으로는 노트북을 살 이유가 하나도 없었어요. 하지만 노트북을 통해 삶의 질이 달라진다는 것 하나만 보고 큰돈을 쓰기로 결정했습니다. 결과는?

놀랍게도 제 삶은 너무 달라졌죠. 제가 어디에 있든 노트북만 있다면 그곳이 바로 사무실이 되니 집중도가 높아졌고, 더 좋은 아이디어가 떠올랐고, 자유롭게 여행을 가거나 좋은 사람들과 함께 모여 일할 수도 있었어요. 그러면서 깨달았습니다. '삶의 질을 높이기 위한 소비는 건강한 소비구나.' 그러곤 저만의 절약 원칙을 하나 더 추가했어요. 삶의 질을 높일 수 있는 것에는 과감하게 투자할 것.

대신 한 가지 조건을 더 걸었습니다. 중고여도 상관없다면 중고 상품을 먼저 찾기. 이것은 순수하게 제 마음의 부담을 줄이기 위해 정한 조건이에요. 지금 쓰고 있는 스마트폰, 노트북, 태블릿도 모두 중고로 구매했습니다. 구매한 지 몇 년이 지났지만 너무 잘 쓰고 있어요. 중고 마켓을 잘 이용하면 정가보다 저렴하게 사고 싶은 것을 살 수 있어 마음의 부담도 덜고, 삶의 질은 높아집니다.

만약 과거의 저처럼 절약에 너무 빠져서 돈 쓰는 게 무섭다면 이렇게 합리적인 소비라고 판단할 수 있는 조건을 하나 더 걸어보는 것도 좋은 방법입니다. 그것도 힘들다 싶으면 단기적금을 통해 돈을 모아두고 만기가 된 후 그 돈을 써보는 것도 좋습니다. 어떤 방법이든 괜찮으니 나를 위한 소비를 통해 삶에서 더 큰 행복과 기쁨을 느껴보세요.

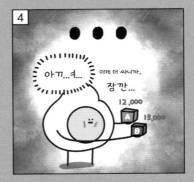

# 나만 힘들게
## 저축하는 것 같을 때

요즘 SNS를 보면 나와 비슷한 나이대의 친구인데 돈을 얼마 벌었다, 연봉이 얼마다, 하는 콘텐츠가 꽤 자주 보입니다. 주로 20대 초·중반 친구들 이야기가 많죠. 내 또래가 나보다 훨씬 많은 돈을 벌고, 여유 있고 행복해 보인다면 자연스럽게 질투, 부러움, 조급함을 느낄 수 있습니다. 저 또한 그랬습니다. 저는 열등감이 심한 사람이었어요. 그래서 다양한 콘텐츠를 통해 돈 잘 모으고, 잘 버는 또래 친구들을 보면 매우 큰 열등감과 부러움을 느끼곤 했죠. 마음의 여유가 있다면 그런 열등감을 좋은 자극제로 이용해 성장할 수도 있습니다. 하지만 부정적인 감정만 느낀다면 내 마음을 잘 들여다보고 안정을 챙겨야 합니다.

마음의 여유가 없을 땐 무엇을 봐도 좋은 시선으로 보기 힘들어요. 나는 이렇게 힘들게 노력하고 열심히 살고 있는데 쟤는 너무 운이 좋아 모든 걸 다 가졌다며 그 사람이 기울여온 노력을 무시하기도 하죠. 주변 친구든 다른 사람이든 누구든지 나보다 잘사는 것 같아 부럽고, 질투가 나고, 조급하다면 모든 것을 끊을 시기라는 신호입니다.

보통 SNS를 통해 보는 친구들이나 타인의 소식에 그런 마음을 느끼는 경우가 많겠죠? SNS는 나를 자랑하는 공간이에요. 내가 얼마나 좋은 곳에 갔고, 얼마나 좋은 사람과 만났고, 얼마나 좋은 일을 했는지 자랑하는 공간이죠. 인터넷에 떠도는 말로, 'SNS는 누군가의 인생 하이라이트를 내 평범한 일상과 비교하는 것'이라고 하잖아요. 이게 잘못됐다는 걸 인식해야 하는데, 그렇게 하기 어렵다면 일단 스마트폰과 멀어지는 것부터 시작해야 합니다. SNS나 플랫폼을 통해 좋은 에너지를 받기 어렵다면 그것부터 끊어내세요.

저도 엄청난 인스타그램 중독자였어요. 1분이라도 시간이 나면 인스타그램을 켜고 탐색 탭을 보면서 의미 없는 시간을 보내곤 했죠. 그러다 문득 이렇게 낭비하는 시간을 생산적인 일에 쏟고 싶다는 생각이 들었어요. 그리고 바로 앱을 지워버렸습니다.

몇 년간 숨 쉬듯 이용해온 SNS를 한순간에 끊기란 매우 어려웠어요. 나도 모르게 자꾸 앱이 있던 위치에 손이 가고, 시간이 생겼을 때 도대체 무엇을 하며 시간을 보내야 할지 몰라 자꾸 스마트폰 화면만 켜고 끄며 방황했죠. 인스타그램을 멋지게 단번에 끊어내지는 못했어요. 너무 힘들면 다시 설치하고, 지우기를 3회 정도 반복하다 보니 점점 스마트폰을 보지 않는 시간이 길어졌습니다. 그리고 현실에서 사는 법을 배우기 시작했죠.

가장 먼저 책이 재밌어졌습니다. 처음에는 스마트폰으로 뭐라도 해야 시간을 보낼 수 있을 것 같아 전자책을 봤는데, 너무 재밌더라고요. SNS에는 요약된, 핵심만 보여주는 콘텐츠가 많지만, 실제로 인생에 도움이 되거나 생각할 만한 내용이 없었는데 책은 자극적이지 않은 방식으로 천천히 나를 돌아보며 생각하게 만들어주었습니다.

또한 생각의 중심이 나로 바뀌었어요. 누군가와 소통하거나 의견을 실시간으로 들을 수도 없으니 비교할 대상이 없어지고, 기준도 달라졌죠. 친구가 어떻게 살든, 뭘 하든 관심이 사라졌고, 그토록 집착했던 유행하는 스타일, 맛집도 더 이상 궁금하지 않았습니다. 오직 내가 무엇을 좋아하는지, 무엇에 관심 있는지, 무엇을 중요하게 생각하는지, 나라는 사람을 중심으로 생각할 수 있었죠.

독서를 하며 세상을 배웠고, 일기를 쓰며 나를 알아갔고, 산책을 하며 혼자 생각하는 시간을 가지면서 진짜 현실에서 살았습니다. SNS를 끊은 시기가 저축을 시작한 시기와 비슷하니 3년 정도 됐네요. 지금도 여전히 개인 SNS는 하지 않습니다. 콘텐츠를 올리기 위한 SNS만 운영할 뿐, 개인적으로 보는 SNS는 아주 오래전에 만든 계정이 남아 있을 뿐이에요. 콘텐츠를 위한 SNS 채널조차 경제, 재테크에 대한 콘텐츠만 나오도록 알고리즘을 설정해두니 불필요하게 감정을 소모하거나 자극받을 필요도 없죠.

사람마다 달리는 속도, 잘되는 시기는 모두 다릅니다. 나보다 더 빨리 목표에 도달하는 사람도 있고, 나보다 더 느린 사람도 있죠. 하지만 남을 경쟁의 대상으로 바라보면 안 돼요. 이 상황을 경쟁이라고 받아들이는 순간 질투와 시기는 더 크게 느껴지고 더 부정적으로 작용할 거예요. 누구보다 얼마나 빨리, 얼마나 많이 돈을 모으냐는 중요하지 않습니다. 내가 계획했던 것만큼 잘 저축하고 있다면 거기에 만족하고 스스로 칭찬해줄 수 있어야 합니다. 그러기 위해서는 비교 대상이 될 수 있는 것에서 벗어나야 해요. 이때 혼자든 여럿이든 오프라인(현실)에서 활동할수록 좋습니다. 화려한 SNS에서 보이지 않는 현실적인 문제나 상황을 발견하고 해결책을 찾을 수 있거든요.

이렇게 현실에서 사는 연습을 충분히 했다면 이제 다시 SNS나 콘텐츠 속으로 돌아가도 됩니다. 하지만 사람들이 전과는 확실히 다르게 보일 거예요. 비교 대상이 아니라 나와 같은 한 명의 사람으로 느껴지고, 그들에게 기쁜 일이 있다면 같이 기뻐하고, 슬픈 일이 있다면 같이 슬퍼할 수 있게 됩니다.

지금 누군가와 자신을 비교하면서 질투나 조급함을 느끼고 있다면, 무엇보다 내 마음을 안정시켜서 평온하게 만들어야 해요. 온라인이 아닌 현실에서 살아가려 노력하고, 남이 아닌 나에게 기준을 맞추고 최선을 다해보세요. 안정과 평화, 행복이 여러분에게 다가올 거예요.

종잣돈을 모으기 위해 저축을 할 때 대부분의 사람들은 기존에 쓰던 것, 먹던 것을 조금씩 참아가며 돈을 아끼는 방법을 취할 수밖에 없습니다. 그러면 부정적인 감정이 더 강하게 일어날 수 있어요. 저축을 할 때는 단순히 돈을 모으는 것만이 아니라 돈을 모으는 과정에서 생기는 다양한 정신적인 문제도 잘 관리해야 해요. 그 과정을 이겨내 얻는 건 돈으로 살 수 없는 가치를 지니고 있다는 걸 기억하고, 끝까지 버텨내세요.

# 사람들은 왜
# 절약을 싫어할까?

제가 운영한 채널의 주제는 처음부터 쭉 절약이었습니다. '20대가 하고 싶은 일 하겠다고 혼자 돈 아끼는 것에 설마 뭐라고 할 사람이 있을까?'라는 생각을 가지고 시작했지만, 온라인에 일상을 올리면서 꽤 많은 사람들이 그렇게 생각하지 않는다는 점, 20대가 사치품을 사는 건 이해해도 절약하는 건 이해할 수 없다는 의견이 꽤 견고하다는 점을 2년이 넘는 시간 동안 절절하게 느꼈습니다.

한번은 왜 그렇게까지 절약을 싫어할까 깊이 생각해봤어요. 결론적으로 미디어에서 보여주는 절약하는 사람들의 이미지에 따른 일반화가 아닐까 생각했습니다. 즉 자신만 아끼는 걸 넘어서 가족, 지인, 친구까지 돈을 아끼는 수단으로 삼아 밥을 얻어먹고, 공용 물품을 챙기는 사람, 남에게 피해를 주면서 본인의 이익만 챙기는 이기적인 사람의 이미지가 박혀 있는 거예요. 절약을 부정적으로 보는 사람들은 무의식적으로 절약하는 사람은 남들이 싫어할 거라고 생각해서 그렇게 되지 않으려 하는 것 같습니다.

게다가 사람들은 보통 저축보다 월등하게 돈을 많이 버는 방법을 알고 싶어 합니다. 월급은 그대로인데 여기서 더 아낄 순 없고(사실 아낄 수 있는데 그러기 싫은 것에 가깝습니다), 퇴근하고도 열심히 일하고 싶진 않지만 100만 원 이상의 부수입이 있었으면 좋겠다는 식입니다. 많은 지식·재능 판매 플랫폼에서도 '돈 버는 법'은 언제나 1등입니다.

물론 이런 관심을 마케팅적으로 잘 활용할 수도 있지만, 가끔은 위험할 정도로 심하게 과장된 광고도 보입니다. 유튜브, 블로그, 인스타 등 현재 인기 있는 SNS를 모두 수익화해보았기 때문에 할 수 있는 말이지만 수익화는 절대 쉬운 일이 아닙니다. 초보자가 하루에 5분, 30분만 노력하면 월 100만 원은 금방 번다? 어림도 없어요. 차라리 아르바이트를 하는 게 더 현실적입니다.

예전에 어떤 곳에서 '하루에 00분만 하면 됨!' 식의 세일즈 멘트를 써달라는 부탁을 받은 적이 있는데 단호하게 거절했습니다. 누군가는 운이 좋아 빠르게 성장할 수도 있고, 실력과 노하우가 있어 실제로 몇 분만 일하는 사람도 있겠지만 운이 따라줄 가능성이 매우 낮은 보통 사람들이라면 특정 노하우만 가지고 버티고 살아남는 게 어려운 세상이라는 사실을 아니까요.

만약 다른 곳에서 빠른 성장을 빌미로 무언가 팔고 있다면 한 번쯤 의심해보세요. 돈을 쉽게 번다는 건 그렇게 되기 위해 미친듯이 노력해야 한다는 말과도 같습니다. 저도 거의 3년이라는 시간을 패시브 인컴을 만들기 위해 노력했지만, 여전히 원하는 만큼 수익을 만들긴 어렵다는 걸 매번 느끼고 있어요.

내 지갑을 지키려면 항상 의심하고 확인해야 한다는 것을 잊지 마세요. 수입을 늘리기 위해 부업을 하고 싶어 하면서도 퇴근 후엔 피곤하다며 유튜브만 보며 시간을 보내는 사람들이 있습니다. 그러다가 로또나 코인 등 돈을 벌 확률이 아주 낮은 것에 쉽게 홀리기도 하고요. 또 한 번에 수익을 얻는 데 성공한 경우 그 맛에 빠져 점점 기본적인 원칙을 지키지 않게 되고, 아주 작은 것 하나를 위해 노력하고 시간 들이는 일을 헛수고라고 생각하기도 합니다. 쉽게 말해 코인에 투자하면 하루 만에 투자한 금액의 몇십 배를 벌 수도 있으니까요.

'하이 리스크 하이 리턴high risk high return'이라고 해서 재테크나 투자의 세계에서는 자신이 어느 정도 베팅할 수 있느냐를 자신의 그릇 크기처럼 말하는데 저는 수익률보다 안정성을 더 우선시하면서 절약을 시작했어요. 투자는 100% 결과를 예측하기 어렵지만 절약은 100% 예측할 수 있으니까요. 그렇다고 해서 투자가 무조건 위험한 건 아닙니다. 잘 공부하고 준비하고 기다리면 좋은 결과를 낼 확률은 점점 높아지죠. 하지만 투자에 대해 아무것도 모르는 사람이 시작하는 투자는 99.9% 위험합니다. 그렇기에 저는 투자를 섣불리 시작하지 않았어요. 대신 저만의 절약 규칙을 만들었죠.

1. 남들은 내가 절약하는 것을 몰라야 한다.

2. 굶어가며 아끼지 않는다.

3. 똑같은 서비스를 받으면서 돈을 쓰지 않을 방법을 찾는다.

4. 투자할 가치가 있다고 확신하는 것에는 과감하게 투자한다.

5. 생존에 필요한 것이 아니라면 가능하면 돈을 쓰지 않는다.

저는 이 규칙을 잘 지키고 삶의 중심을 잘 유지하려 노력했기에 절약하는 사람에 대한 부정적인 이미지와 다른 방향으로 살 수 있었습니다. 지금까지 절약한다고 해서 다른 사람을 만날 때 더 저렴한 것을 먹자거나 돈이 없다는 소리는 해본적이 없어요. 오히려 누군가와 함께 시간을 보낼 땐 평소보다 더 좋은 걸 먹었죠. 내가 절약한다고 해서 남까지 눈치 보며 절약하게 할 이유는 없습니다.

최선을 다해 절약할 때 친구는 매월 딱 한 번만 만났습니다. 저 스스로 친구를 만나면 돈을 잘 쓴다는 사실을 알았기 때문에 직접 그 횟수를 제한했어요. 다섯 번 만나며 매번 김밥천국에 가느니 한 번 만나고 가장 맛있는 음식과 함께 좋은 시간을 보내고 싶었으니까요. 그렇다고 해서 친구와 멀어진 적도 없고요. 만약 이렇게 해서 멀어질 친구라면 어떻게든 멀어질 친구라고 생각합니다.

많은 사람은 수입을 늘리면 돈이 많이 모일 거라 생각하지만, 저는 근검절약을 반드시 같이 실천해야 한다고 생각해요. 단순하게 돈을 많이 벌었다고 해서 많은 돈을 모을 수 있을까요? 왜 로또 1등 당첨자가 몇 년 지나 생활고에 허덕인다는 뉴스나 이야기가 자주 들릴까요? 그것은 돈을 지키고 쓰는 법을 배우기도 전에 너무 큰돈을 가졌기 때문입니다. 그래서 절약을 통해 내가 어떤 소비 습관을 지니고 있는지 생각하고 그 습관을 긍정적으로 바꿀 수 있는 기회를 잡아야 합니다. 돈을 많이 벌고 펑펑 쓰면 돈을 벌지 않은 것과 다름이 없어요. 평소 절약에 대한 규칙과 습관이 잘 정착돼 있어야 저축률을 빠르게 높일 수 있죠.

절약은 생각보다 궁상맞지 않습니다. 방법을 몰라서 궁상맞아지는 거예요. 제 주변의 절약하는 친구들은 절약 전과 후가 크게 다르지 않습니다. 오히려 더 좋은 것을 먹고 쓰죠. 정보를 항상 찾아다니고 활용하기 때문이에요. 그래서 무료로 무언가를 받고, 먹고, 체험하면서 저축률은 높아지는 신기한 구조가 만들어집니다. 옛날의 절약과 지금의 절약은 전혀 다른 형태로 이어지고 있어요. 그것을 알고 요즘의 절약, 저축 방법을 배워야 합니다.

이전에 운영했던 N잡 만들기 모임에서는 블로그를 1개월간 운영하고 맛집을 10개씩 공짜로 돌아다니거나 협찬을 받는 사람도 꽤 있었습니다. 돈을 받진 못하더라도 원래 내 돈으로 해결할 부분을 다른 방식으로 채워가면 매우 쉽고 자연스럽게 절약할 수 있죠. 이런 모습을 보며 궁상맞다고 할 수 있을까요? 이것은 똑똑한 행위입니다. 내가 노력해서 얻은 가치와 성과인데 누군가 궁상맞다고 말한다면 "나는 혜택을 못 받았는데 너는 공짜로 받는 게 꼴 보기 싫어!"라는 뜻으로밖에 들리지 않습니다.

힘든 건 싫다며 '대박' 한 번을 추구하기보다 작은 것부터 하나하나 직접 노력하며 단단한 사람으로 성장하기를 바랍니다. 그 작은 노력이 어떻게 나에게 돌아올지는 그 누구도 예측할 수 없으니까요.

# 습관 하나 잘 들이니
# 써도 써도 돈이 남네

벌써 저축을 시작한지 3년 차가 돼가고 있습니다. 그동안 기쁨만큼이나 많은 슬픔이 있었지만 잘 이겨내고 여기까지 살아남은 저 자신이 대견합니다. 돈이라는 게 처음에는 모래알처럼 손에 쥐면 빠져나가 어떻게든 놓치지 않기 위해 허우적거리며 필사적으로 잡아야 하는 존재로 느껴졌다면, 이제는 잡지 않아도 곁에서 지켜주는 존재가 되었다는 확신이 듭니다. 아직 목표했던 꿈을 다 이루지는 못했지만, 누군가에겐 이런 저의 이야기가 꼭 필요한 경험담이 될 수 있지 않을까요?

저는 처음부터 '끝이 정해져 있는' 절약을 해야 한다고 말해왔어요. 그리고 저의 절약은 1억 원을 모으는 순간 종료됐죠. 지금은 굳이 모든 걸 아끼려고 노력하지는 않습니다. 먹고 싶으면 가끔 이유 없이 배달 음식을 시켜 먹기도 하고, 쇼핑도

하면서 평범한 20대의 삶으로 돌아왔습니다. 과거에 필사적으로 절약하던 때와 비교하면 크게 차이가 날 정도로 돈을 쓰는 데 유해졌죠. 그런데 놀라운 건 이렇게 편하게 살아도 여전히 저축액은 줄어들지 않는다는 거예요. 오히려 더 많이 먹고 놀고 쓰는데 더 많이 저축할 때도 있죠.

습관이라는 것은 하루아침에 만들어지지 않는다고 해요. 같은 행동을 최소 1개월 정도 반복해야 비로소 습관으로 자리 잡기 시작한다고 합니다. 저도 꾸준히 좋은 절약 습관을 만들려고 노력하고 그것을 잘 유지했기 때문에 지금처럼 원하는 대로 쓰더라도 항상 비슷한 결과를 유지할 수 있었습니다.

절약이 괴롭기만 했던 때가 있었지만, 왜 괴로운지 찾아내고 해결책을 발견해 적용하니 결국에는 괴롭지 않은 절약 습관이 완성됐습니다. 그리고 이걸 숨 쉬듯 모든 생활에 반영했더니 어떻게 하면 더 아낄 수 있을까 고민하지 않아도 스스로 가장 만족스럽고 합리적인 소비 방법을 찾아 실천하게 되더라고요.

예를 들어 예전 장보기 목록을 보면 라면, 어묵, 버섯처럼 개당 1,000원이면 살 수 있는 식재료만 골라 먹었습니다. 다른 게 먹고 싶더라도 생각했던 가격보다 조금이라도 비싸거나, 다른 식재료와 비교했을 때 용량 대비 가성비가 좋지 않으면 구매하지 않았습니다. 하지만 지금은 총 결제 금액이 생각했던 범위 내에 있거나 대체품이 비슷하게 만족스럽지 않다면 그냥 먹고 싶은 걸 사서 먹습니다. '저것이 더 쌀까?' '다른 마트에서는 얼마일까?' '인터넷에서는?' 하면서 고민하는 시간이 아까워졌거든요. 생각했던 가격이 아니더라도 미리 적어둔 구매 항목에 있고, 일정 범위 내 가격이라면 그냥 맛있게 사 먹고 행복을 느낀 뒤 거기서 나오는 에너지를 다른 좋은 곳에 씁니다. 그런 행위가 삶에 활기를 주더라고요.

돈을 얼마나 아껴야 절약한다고 할 수 있을까요? 종잣돈을 저축한 후에는 쓰고 싶은대로 쓰고 있다고 했지만 사실 남들이 보기엔 여전히 열심히 절약하는 사람처럼 보일 거예요. 실제로 열심히 절약하는 모습에 더 가까운 건 사실이죠. 꽤 오랜 시간 절약, 저축과 누구보다 가깝게 지내다 보니 아주 조금씩 만족스러운 소비의 기준이 낮아지기 시작했습니다. 소비를 참는 게 아니라 '소비하지 않아도 괜찮은 나'가 완성된 겁니다. 예전에는 돈을 쓰고 싶어지는 주기가 더 잦았지만 지금은 그런 욕구가 애초에 거의 생기지 않는 상태이기에 하고 싶은 것을 전부 해도 돈이 남는 상황이 발생하고 있죠.


신기하게도 제가 진정한 행복을 찾은 건 돈을 쓰지 않는 곳에서였습니다. 선선한 날씨에 햇빛을 받으며 걷는 산책길, 고요한 도서관에서 읽는 책, 좋아하는 영화를 보며 먹는 맛있는 저녁 한 끼. 정말 별것 아닌 것들이 제 일상에 행복을 채워준다는 사실을 발견했을 때, 저는 충동적인 소비에서 완전히 해방됐어요. 이제는 어떤 소비를 했을 때 행복한지, 그렇지 않은지 확실하게 판단할 수 있고, 무언가를 가지고 싶다는 충동도 강하게 들지 않습니다. 물건을 충분히 가지고 있고 여전히 그 물건들 덕분에 행복감을 느끼고 있으니까요. 소비하고 절약하고 저축하는 습관 하나 잘 들였을 뿐인데, 진정한 행복을 찾게 됐습니다.

귀엽다고 사버린 작고 비싼 인형과 소품, 표지에 이끌려 구매하고 펼쳐보지도 않은 책과 강의, 계절마다 당연하게 사서 입지 않는 옷이 잔뜩 쌓인 옷장은 정말로 나에게 지속적인 행복을 주고 있나요? 나를 진짜로 오랫동안 행복하게 해주는 건 무엇인지 깊이 생각해보세요. 진짜 행복은 그리 멀지 않은 곳에 존재하고 있을지도 모릅니다.

# 이제 마음 놓고
# 퇴사하겠습니다

만 23살에 입사한 첫 회사에서 1년 반 정도의 시간이 흐른 뒤 프리랜서로 처음 독립을 했고, 시간은 빠르게 흘러 혼자 일한 지도 벌써 2년을 바라보고 있습니다. 말도 안 되는 극단적인 절약을 통한 저축과 주변 사람들이 말렸던 온라인 콘텐츠에 시간을 쏟은 결과 그토록 간절히 바랐던 자유로운 삶을 얻었어요. 저조차 이렇게 빠른 시간에 그런 삶을 이뤄낼 수 있을지 몰랐는데 세상은 참 신기한 곳 같습니다.

물론 프리랜서로서 세상을 살아가는 건 마냥 자유롭고, 쉽고, 재밌지는 않습니다. 그럼에도 인생을 통틀어 지금이 가장 만족스럽다고 당당하게 말할 수 있을 정도로 이 생활이 마음에 들어요. 사람들은 부업 수익이 본업 수익을 넘었을 때 안전하게 퇴사하라는 말을 많이 하지만, 저는 퇴사 직전까지 온라인 콘텐츠를 통한 부수입은 평균적으로 60만~100만 원 정도였습니다. 일반적으로 생활을 유지하기엔 부족한 금액이죠. 그렇지만 부업과 본업을 병행하다 보니 투자할 수 있는 시간이 제한적이었고 저의 한계점이 명확하게 보였어요.

그 전까지 다니던 직장도 나쁘지 않았습니다. 무엇보다 워라밸이 정확히 지켜졌고, 일이 적성에 잘 맞았으니까요. 게다가 직장 덕분에 원하는 만큼 안정적으로 저축할 수도 있었고요. 하지만 회사에 다니면서 가장 중요한 나의 개인적인 성장을 이룰 수 없었고 미래가 보이지 않았습니다. 몇 년이 지나도 여전히 그 자리에서 같은 일을 반복하며 정체되고 고립될 것 같았어요.

직장을 다닌 지 1년 남짓 지났을 뿐인데도 점점 다른 세상으로 나아갈 용기를 잃으면서 이직에 대한 두려움도 커져갔습니다. 더 시간이 흐르기 전에 결정해야 했어요. 지금의 안정된 삶을 지키면서 부수입을 얻는 데 만족할지, 부수입을 본업으로 바꿔 결과를 알 수 없는 도전을 해볼지요.

아시다시피 저는 후자를 선택했습니다. 당시 제 나이는 만 25살로 아직 무언가를 새로 시작하기에 늦지 않은 나이였고 1년이 넘는 시간 동안 온라인에서 기반을 쌓아둔 상태였기에 자신을 걸고 도전해봐도 괜찮겠다고 판단했습니다. 그리고 최대 1년간은 수입이 생기지 않더라도 버틸 수 있을 정도의 통장 잔고가 있었기에 더 해볼 만하겠다는 생각이 들었죠. 하지만 회사 밖에서의 생활을 지속할지 말지 시험해보는 기간만큼은 정확하게 정했어요. 딱 6개월. 6개월 이내에 내가 만족하는 수입이나 결과를 만들지 못한다면 직장으로 돌아가 새로운 도전을 준비하는 시간을 가지기로요.

이때는 몰랐지만, 이 다짐이 퇴사 후 프리랜서로 자리 잡기까지 굉장히 큰 원동력이 됐습니다. 원하는 결과를 내지 못하면 평생 벗어나고 싶었던 '9시 출근, 6시 퇴근'의 생활로 돌아가야 한다고 생각하니 절로 간절해지더라고요. 부모님은 이제야 생활이 안정되고 있는데 왜 퇴사하냐며 걱정하기도 했지만, 더 늦기 전에 인생을 바꿀지도 모르는 도전을 해보기로 결정했습니다.


퇴사한 후에는 그동안 열심히 출근한 자신에게 보상을 주듯 여행을 가거나 휴식을 취하는 사람들이 많지만, 저는 퇴사와 동시에 퇴근 없는 프리랜서의 삶을 시작했습니다. 쉬는 날, 주말 할 것 없이 매일 아침에 일어나 새벽까지 일할 때가 매우 많았고, 오히려 회사를 다닐 때가 편했다고 생각할 만큼 바빴어요. 저에게 주어진 시간은 한정적이었기에 같은 시간 안에 더 많은 것을 해보려고 했습니다.

대신 프리랜서의 장점도 경험했습니다. 주중에 하는 강의를 들으러 가는 등 누군가의 허락 없이 원할 때 자유롭게 움

직일 수 있었고, 직장 생활 때문에 어쩔 수 없이 거절하고 포기했던 일을 전부 시작할 수 있었습니다. 직장 생활을 하지 않는 데서 오는 다양한 기회를 직접 잡을 수 있다는 게 생생하게 느껴졌어요. 그리고 그 결과, 단 2개월 만에 월급 이상의 수익을 내게 됐죠.

처음 그 숫자를 통장에서 보았을 때 여러 감정이 느껴졌어요. 누군가의 도움도 없이 스스로의 능력으로 이 일을 해냈다는 기쁨과, 너무 쉽게 월급만큼의 돈을 벌 수 있다는 데 대한 혼란이 동시에 닥쳐왔죠. 하지만 제가 2개월간 했던 건 누구나 할 수 있는 수준의 노력이었다고 생각해요. 온라인에서 많은 일꾼을 만들며 새로운 것에 도전하고, 기회가 있다면 놓치지 않고 잡기 위해 최선을 다했을 뿐이죠. 대부분 처음 해보는 일이었지만, 안 해본 일이라고 거절하거나 피하지 않았습니다. 두렵다거나 안 해봤다는 이유 하나로 포기하면 굳은 결심을 하고 나온 제 자신에게 부끄럽고 스스로 정체될 거라는 걸 알았거든요.


사실 퇴사를 하면 당분간 저축을 하지 못할 거라 예상하고 저축에 대한 마음을 잠시 내려놓았는데 퇴사 후 첫 달을 제외하면 오히려 전보다 더 빠른 속도로 저축액을 늘릴 수 있었습니다. 직장에서는 아무리 일을 잘하거나 성과가 좋아도 똑같은 월급을 받았지만, 바깥세상에서는 내가 열심히 하는 만큼 수익으로 전환되는 일이 많았고, 그 수익의 한계는 없었어요. 물론 열심히 하고도 좋은 결과를 얻지 못할 때도 있었지만, 그 경험조차 노하우로 쌓여 언젠가는 꼭 도움이 되더라고요. 수익을 만들 수 있는 작은 온라인 채널이 있다는 걸 제외하면 어떤 계획도 없던 퇴사였는데, 회사 밖으로 나와 독립해보고 나서야 무엇이 돈이 되는지, 어떻게 살아가야 하는지 보였습니다.

저의 퇴사가 성공적인 결말을 맞이할 수 있었던 건 운 때문이 아닙니다. 매일 퇴근 후와 주말에 패시브 인컴을 만들기 위해 시간을 투자하며 온라인에서 살아남을 수 있는 기반을 쌓았고, 놀고 싶은 마음, 사고 싶은 마음을 꾹꾹 눌러가며 모은 돈들이 안정적으로 퇴사할 수 있는 용기를 주었죠. 프리랜서로 살아남겠다는 의지도 도움이 됐어요. 이 모든 것이 있었기에 아무 걱정 없이 제가 하고 싶은 것에만 집중하며 원하는 결과를 만들어낼 수 있었습니다. 결과적으로 퇴사 후 약 1년 만에 1억 원 저축하기라는 첫 번째 목표를 달성했거든요.

# '저축 친구' 찾기

저축 과정을 끝까지 해낼 수 있는 의지와 힘을 불러일으키는 방법 중 하나는 주변 사람을 나와 비슷한 목표를 지닌 긍정적인 사람들로 채우는 것입니다. 내 주변에 누가 있느냐에 따라 문제를 바라보는 시선, 의지, 방법이 달라져요. 혼자서 끝까지 견디려 하기보다 다양한 곳에서 다양한 방법을 통해 '저축 친구'들을 찾으면서 저축 생활을 더 즐겁게 만들어보세요.

## 1. 온라인 플랫폼에서 친구 찾기

친구를 가장 쉽게 찾을 수 있는 곳은 온라인 플랫폼입니다. 유튜브, 블로그, 인스타그램, 카페, 뉴스레터 등이 있어요. 경제 뉴스레터는 '어피티'와 '뉴닉'을 추천합니다. 나에게 긍정적인 영향을 줄 수 있거나 내가 하려는 것을 먼저 이룬 사람을 찾아 구독하고 팔로우하세요. 그리고 댓글을 달 수 있다면 직접 소통하며 친밀감을 쌓아보세요. 단순히 콘텐츠를 보기만 하기보다, 스스로 느낀 점을 정리한다 생각하고 댓글을 달면 내가 어떤 부분을 어떻게 느꼈는지 더 명확하게 깨달을 수 있습니다. 좋은 친구이자 스승이 될 수 있는 크리에이터는 많으니 나와 관심사가 같은 사람들이 모인 다양한 플랫폼을 통해 친구를 찾아보세요.

## 2. 오프라인 모임에서 친구 찾기

온라인으로 친구를 만나는 데는 분명히 한계가 있어요. 직접 내 의견을 공유하고 소통하며 내가 잘해내고 있는지, 어떻게 생각하는지, 어떻게 나아가야 하는지 알고 싶을 때가 있죠. 그렇다면 단기(1회성) 온·오프라인 모임을 추천합니다. 저축에 도움을 주는 독서 모임, 챌린지 모임, 스터디 등에서 뜻이 같은 사람들과 이야기하는 건 큰 자극이 됩니다. 처음에는 모임 참여가 부담스럽거나 두려울 수 있지만, 한번 참여한 뒤에는 뿌듯함, 만족감, 한 단계 더 성장했다는 느낌이 들면서 동기부여도 되고 기분이 좋아질 거예요. '문토', '남의집', '프립' 등의 자기 계발 소모임 앱을 추천합니다.

## 3. 온라인 기반 모임에서 친구 찾기

1번에서 찾은 온라인 친구를 통해 친구나 모임을 찾을 수도 있습니다. 온라인에서 활발하게 활동하며 탄탄한 기반을 다졌고, 나에게 긍정적인 영향을 주는 친구라면 그 친구가 여는 온·오프라인 모임은 기본 이상의 질을 보장할 수 있습니다. 온라인 친구가 운영하는 플랫폼(유튜브, 블로그, 인스타그램, 카페)을 주기적으로 확인해보세요. 개인이 아닌 사업 형태로 운영하는 채널일 경우 정기적인 스터디, 챌린지 모임을 여는 경우가 많아요.

### 4. 직접 모임 만들기

최근에는 개인 취향에 따라 세분화된 모임이 많아져 같은 목표를 가지고 있더라도 추구하는 방식이 다를 수 있어요. 내가 원하는 모임이 없다면 직접 만드는 것도 추천합니다. 기록용 SNS를 운영하고 있다면 해당 계정에서 홍보해서 사람을 모아도 되고, 소모임 앱, 카카오 오픈 채팅방을 통해 모아도 됩니다. 딱 내가 원하는 사람들만 모을 수 있다는 장점이 있지만 모임 운영시 스트레스를 받을 수 있으니 주의하시길 바라요.

위의 방법을 통해 나와 결이 맞고 목표가 같은 긍정적인 친구들을 찾을 수도 있지만 괜한 위험에 빠지거나 오히려 안 하니만 못한 결과가 나올 수도 있어요. 직접 다양한 모임을 경험하며 알게 된 주의 사항을 알려드리니 꼭 참고해 행복한 저축 생활 이어가시길 바랍니다.

### 1. 0원 강의, 컨설팅 의심하기

가끔 다양한 경로를 통해 0원 강의를 진행하거나 컨설팅을 해준다는 식으로 사람을 모으는 경우가 있습니다. 정말 좋은 마음으로 모임을 진행하는 사람도 있지만, 객관적으로 봤을 때 주최자가 이런 모임을 통해 얻는 것(수익, 인맥, 추천인 등)이 뚜렷하지 않다면 참여하지 않는 편이 좋습니다. 또 이런 모임을 단기성 이벤트가 아니라 장기적으로 운영하고 있다면 더 의심해보길 바랍니다. 열심히 강의, 컨설팅한 후에 증명되지 않은 투자를 권유할 가능성도 있어요.

## 2. 필요 이상으로 친해지지 않기

다양한 경로를 통해 알게 된 친구와 마음이 굉장히 잘 맞아 급속도로 친해질 수도 있습니다. 이것이 나쁘다는 건 아니지만 선을 지키는 것도 중요해요. 단순히 놀기 위해 자주 만나거나, 함께 위험한 투자에 뛰어들거나, 동업을 하는 경우에는 깊이 고민해봐야 해요. 서로 도움을 주는 존재가 될 수 있도록 각자 선을 잘 유지한다면 굉장히 좋은 관계를 맺을 수 있습니다.

## 3. 이유 없이 비싼 강의, 모임 듣지 않기

0원 강의, 컨설팅도 조심해야 하지만 그와 반대로 너무 비싼 참가비, 강의료를 받는 경우도 주의해야 합니다. 생각보다 그 가치와 비례하지 않은 강의나 모임도 많습니다. 요즘에는 누구나 모임, 강의를 만들 수 있는 플랫폼과 시스템이 여럿 있어요. 화려한 상세 페이지나 이력에 혹하지 말고 정확하게 무엇을 얻을 수 있는지, 어떤 후기가 있는지 등을 꼼꼼하게 확인하세요. 참가하기로 결정했다면 내가 무엇을 얻어야 하는지 확실하게 정리하고 모임에 참여한 뒤 질문을 통해 갈증을 해소하는 것도 하나의 방법입니다.

## 4. 무작정 신청하고 참여하지 않기

모임에 참여할 준비가 되지 않았는데 무작정 모임에 신청하거나 신청하고도 열정적으로 참여하지 않는 행위도 지양해야 합니다. 그런 마음으로 참여하면 열심히 참여하고자 하는 사람들에게 피해를 줄 수 있습니다.

현재 너무 바빠서 상황이 여의치 않거나 모임에 별로 참여하고 싶은 마음이 없다면 진심으로 참여할 수 있을 때 신중하게 신청하세요. 시작도 중요하지만 그만큼 끝맺음도 중요하다는 걸 잊지 마세요.

## 5. 친구, 가족 대신 전문가에게 물어보기

대출을 받아 집을 사려고 하는데 조언을 얻고 싶다고 가정해볼게요. 투자하기 조금 위험한 시기라는 뉴스가 계속해서 나오고 있을 때라고 한다면 부모님, 친구, 직장 동료는 나에게 어떤 말을 할까요? 대체로 사지 말라는 조언을 내놓을 테고, 투자하면 망한다며 겁을 줄 수도 있습니다. 그런 말을 초보자가 들으면 누구라도 겁에 질려 쉽게 투자하지 못할 거예요. 하지만 중요한 건 내가 조언을 구했던 사람들은 '부동산에 대해 잘 모르는 사람'이라는 사실이죠. 가벼운 조언만 해주면 오히려 다행이지만 투자는 위험하니 평생 하지 않아야겠다는 생각까지 들게 만든다면 이후에 정말 좋은 시기가 찾아왔을 때도 결단하지 못하고 기회를 놓치게 될지도 몰라요.

그렇다면 반대로 '부동산에 대해 잘 아는 사람'에게 같은 질문을 한다면 어떤 결과가 나올까요? 나쁜 상황이라고 하더라도 안 된다, 위험하다는 단호한 말보다 지금 같은 상황에서는 무엇을 잘 찾아봐야 하는지, 무엇을 준비해야 하는지, 시기는 언제가 적절한지 등 실제로 필요한 진짜 조언을 들을 확률이 매우 높습니다. 그렇기에 조언을 구하고 싶다면 그 일을 잘 아는 사람에게 물어보는 것이 매우 중요해요.

많은 사람들이 이도 저도 못하는 주식도 마찬가지입니다. 주변에서 주가가 떨어져서 팔지도 못하고 기다리고만 있다는 사람들에게 물어보세요. "누가 사라고 했어요? 그 주식을 산 이유가 뭐예요?" 다들 직장 동료나 친구가, 혹은 떠도는 확실치 않은 정보에서 오른다고 해서 돈을 넣었다고 답변할 거예요. 만약 주식을 전문으로 하는 사람에게 물어봤다면 주식 공부부터 먼저 하라는 소리를 들었을 텐데 말이죠.

조금 냉혹할지도 모르지만, 해당 문제에 대해서 잘 아는 사람이 아니거나 경험이 없다면 설령 가족이라고 해도 조언을 구하지 마세요. 가족은 항상 여러분을 걱정하고 큰일이 없길 바라기에 보수적으로 답할 수밖에 없거든요. "제 주변엔 저의 문제에 대해 조언해줄 전문적인 사람이 없어요." 라고 한다면 책을 보세요. 책은 가장 쉽게 전문가의 조언을 들을 수 있는 곳입니다.

저 또한 책을 통해서 전문가에게 조언을 얻고, 배운 것을 적용하며 확신하는 과정이 있었습니다. 현재 운영 중인 유튜브 채널을 잘 운영하고 싶어 크리에이터 소속사의 채널 성장 프로그램에 참여했고, 좋은 기회로 소속 크리에이터가 되어 채널 운영에 대한 조언을 들으며 성장할 수 있었습니다. 인스타그램 채널이 좀처럼 성장하지 않을 땐 인스타그램 채널 운영자 스터디에 참여해 빠르게 성장할 수 있었어요.

지금 내가 고민하고, 불안하고, 결단 내리지 못한 일이 있나요? 당장 전문가를 찾아 조언을 구해보세요. 아무리 상황이 어려워도 해결책은 항상 존재합니다.

# 미니멀 라이프
# 실천하기

'미니멀 라이프'를 알고 계신가요? 미니멀 라이프는 단순한 삶을 지향하는 라이프스타일로 불필요한 물건이나 일을 줄여 가진 것에 만족하는 삶을 의미해요. 그런데 이 미니멀 라이프가 절약과도 꽤 깊은 관계가 있다는 사실, 알고 계셨나요?

저는 한때 '맥시멀 라이프'를 살고 있다고 할 만큼 물건을 많이 사고 쉽게 버리지 않았어요. 특히 옷이나 액세서리, 캐릭터 상품에 빠졌습니다. 좁은 집에 계속 물건을 채우는 게 소소한 기쁨이었죠.

그런데 어느 날 옷장을 보는데 옷이 옷장에 다 안 들어갈 정도로 많은데도 1년에 두 번 이상 입는 옷이 몇 가지 되지 않는다는 사실을 깨닫게 됐어요. 항상 입는 옷만 입는 저 자신도 자각했죠. 그래서 한번 정리해보자 싶어 옷장에 있는 옷을 모두 꺼내봤어요. 1년 동안 아예 안 입은 옷, 한 번 입은 옷 순으로 차근차근 정리를 시작했습니다. 주로 당근마켓을 통해 처분하고 보니 다른 것들이 눈에 들어오더라고요. 신발장부터 주방, 화장실, 침실까지 물건을 하나씩 확인하며 유통기한이 지났거나 너무 오래됐거나 오랫동안 사용하지 않은 것 위주로 정리했고 집은 점점 가벼워졌습니다.

비우는 재미를 알아가면서는 처음에 고민했던 처리하기 아까운 옷이나 평생 품고 지낼 것 같던 캐릭터 상품까지 미련 없이 정리하게 됐어요. 오죽하면 자취방에 들른 엄마가 혹시 위험한 생각을 하고 있어 물건을 정리하는 게 아니냐며 진심으로 걱정할 정도였죠.

그렇게 물건을 정리하니 어떤 일이 생겼을까요? 우선 삶이 단순해졌습니다. 좁은 집이라고 해도 손발에 물건이 치이는 일이 사라졌고, 물건을 비움으로써 생기는 공간에 대한 여유가 안정감을 느끼게 해주었습니다. 혹시 팔아버린 옷이 필요하지 않을까 하는 걱정이 있었지만, 놀랍게도 기억조차 나지 않았죠. 이전에는 저렴한 옷을 많이 사는 스타일이었다면 이제는 좋은 질의 옷을 적게 구매해 오래 입으려고 하고, 그랬더니 옷을 선택할 폭이 좁아 무엇을 입을지에 대한 고민도 그만큼 줄어들었어요. 더 중요한 다른 것에 집중할 수 있는 시간 여유가 생긴 거죠.

미니멀 라이프로 변화하면서 생활 습관이나 가치관에도 좋은 변화가

맥시멀 라이프를 지향했을 때의 책상

현재 거주하고 있는 집 거실

찾아왔습니다. 단순히 가진 물건이 적기 때문에 절약할 수 있는 건 아닙니다. 내 물건이 한눈에 보이고 무엇을 얼마나 가지고 있는지 알고 있기 때문에 필요하지 않은 생활용품을 미리 구매하거나 필요 이상의 식재료를 구매해 다 먹지도 못하고 버리는 일이 없었죠. 그렇기에 절약을 하고 싶은 분들에게 미니멀 라이프 또는 정기적인 정리 정돈을 추천드립니다. 정리하다 보면 내가 다 알고 있다고 생각한 곳에서 이게 여기 왜 있지 싶은 물건이나 필요 이상으로 많은 물건을 발견할 가능성이 높거든요. 내가 무엇이 필요한지 정확히 아는 것. 건강한 절약을 위한 좋은 발걸음입니다.

한 번에 집 전체를 정리하기 어렵다면 신발장, 화장실, 주방, 거실, 침실 순으로 하나씩 정리해보세요. 필요 없는 물건은 과감히 정리하거나 판매하고, 여분이 있는 제품은 스마트폰에 메모해두거나 서랍에 포스트잇을 붙여 확인하지 않아도 알 수 있게 만들어보세요. 물건을 바로 버리기 어렵다면 '기다리기 상자'를 만들어 거기에 넣고 1개월이 지나도록 다시 사용하는 일이 없다면 버리는 식으로 유예기간을 두는 것도 방법입니다.

생필품의 경우엔 떨어지기 약 1개월 전부터 그 사실을 인지하고 있다가 다양한 마켓에서 특가로 판매할 때나 저렴하다고 느껴질 때 구매하는 게 가장 좋습니다. 싸다고 쟁여두지 말고 필요한 만큼만 구매하기! 다음 체크리스트를 활용해 보세요.

| 위치 | 항목 | 정리<br>여부 | 찾은<br>물건 | 처분할<br>물건 | 여유<br>품목 |
|------|------|------|------|------|------|
| 현관 | 신발장 | ☐ | | | |
| 주방 | 그릇, 컵, 식기 | ☐ | | | |
| | 실온 식품 | ☐ | | | |
| | 실온 양념 | ☐ | | | |
| | 주방용품<br>(비닐, 포일, 키친타월,<br>수세미 등) | ☐ | | | |
| | 냉장고 | ☐ | | | |
| | 냉동고 | ☐ | | | |
| 화장실 | 소모품<br>(치약, 칫솔, 비누, 샴푸,<br>휴지 등) | ☐ | | | |
| | 청소용품 | ☐ | | | |
| | 수건 | ☐ | | | |
| 침실, 거실 | 서랍 | ☐ | | | |

| 위치 | 항목 | 정리 여부 | 찾은 물건 | 처분할 물건 | 여유 품목 |
|---|---|---|---|---|---|
| 침실 | 옷장(여름옷) | ☐ | | | |
| | 옷장(겨울옷) | ☐ | | | |
| | 침구류 | ☐ | | | |
| 다용도실, 세탁실, 베란다 | 각종 소모품 | ☐ | | | |
| 기타 | 인테리어 소품 | ☐ | | | |

# 가장 빨리, 가장 많은 혜택 누리는 6가지 방법

절약은 단순히 안 쓰고 안 먹는 것이 아닙니다. 똑같은 물건을 구매하더라도 남들보다 더 싸게 또는 더 많이 얻는 것이 제가 추구하는 절약법 중 하나입니다.

## 1. 중고 기프티콘 이용하기

기프티콘은 가볍게 마음을 전하거나 축하하기에 좋은 선물이죠. 중고 기프티콘 판매처는 '팔라고', '니콘내콘' 등의 앱이 있습니다. 정가보다 10% 이상 저렴하게 구입할 수 있고, 필요 없는 기프티콘은 원하는 가격에 판매할 수 있어요. 편의점 및 대형 마트를 방문하거나 상품권이 필요할 때 먼저 중고 기프티콘을 찾아 구매하면 아무 조건 없이 크게 할인받는 셈입니다. 대신 중고 기프티콘의 경우엔 사기당할 위험이 100% 없다곤 할 수 없으니 가능하면 이용 직전에 구매해서 사용하세요. 새 기프티콘을 구매해 선물할 수 있는 '일상카페' 앱도 추천해요. 정기적으로 20% 이상 저렴한 가격에 기프티콘을 구매할 수 있어 누군가에게 선물할 때 이용하기 좋습니다.

## 2. 블로그 체험단 시작하기

맛집, 카페, 뷰티, 체험 등의 서비스를 무료로 받고 싶다면 네이버 블로그 운영을 추천합니다. 일주일에 게시물을 2~3개씩 꾸준히 업로드하고 조금만 운영에 신경 쓰면 꽤 쉽게 블로그 체험단을 시작할 수 있습니다. 평균적으로 게시글 수 10개 이상, 운영 기간 3개월, 일 평균 방문자 100명만 만들 수 있다면 맛집, 카페, 뷰티 서비스 등의 방문형 체험단을 쉽게 시작할 수 있어요. 제가 직접 100명 이상의 초보자 블로그를 함께 키워본 결과, 대체로 운영 2~3개월 만에 어렵지 않게 체험단을 시작하는 경우가 많았어요.

체험단 신청은 '강남 맛집', '리뷰통', '리뷰노트'를 추천해요. 거주하는 지역의 체험단 오픈 채팅방을 찾아보는 것도 좋아요. 상품 배송형 체험단의 경우엔 초보자가 시도하기 쉽지 않으니 방문형 체험단 위주로 신청해보고, 해당 가게를 방문하는 시간, 포스팅 작성 시간 등을 전부 생각했을 때 제공받는 단가는 최소 3만 원 이상을 기준으로 신청하길 추천합니다.


## 3. 대중교통 할인받기

기후동행카드는 서울 버스와 지하철 통합 무제한 정기권으로 1개월에 따릉이 포함 65,000원, 미포함 62,000원에 이용할 수 있습니다. 기존 금액에서 약 12% 할인된 청년(만 19~34세) 권종도 출시됐습니다(따릉이 포함 58,000원, 미포함 55,000원). 대중교통으로 출퇴근하는 일반 직장인 기준으로 하차 시 추가 요금이 100원만 더 붙는 거리라면 기후동행카드 이용이 금액적으로 부담이 적습니다. 안드로이드 스마트폰의 경우엔 모바일

카드 발급이 가능하지만, IOS 기반의 스마트폰을 사용하면 실물 카드를 이용해야 해요. 기후동행카드는 서울권의 지정된 범위에서만 사용할 수 있기에 이용 전 반드시 이용 가능한 노선인지 확인해보아야 합니다. 2호선, 6호선, 8호선, 9호선, 신림선, 우이신설선은 전체 노선에서 이용 가능합니다.

K- 패스는 월 15회 이상 정기적으로 대중교통을 이용했을 때 지출 금액의 일정 비율(일반인 20%, 청년층 30%, 저소득층 53%)을 다음 달에 돌려받을 수 있는 할인 교통카드입니다. 서울권에서만 이용할 수 있는 기후동행

| 승차 횟수 | 일반 요금 (1회 1,500원) | 기후동행카드 (청년: 따릉이 미포함 1개월 55,000원) | K-패스 (15회 이상 이용 시 30% 할인 적용) |
|---|---|---|---|
| 10 | 15,000 | 55,000 | 15,000 |
| 15 | 22,500 | 55,000 | 15,750 |
| 20 | 30,000 | 55,000 | 21,000 |
| 30 | 45,000 | 55,000 | 31,500 |
| 40 | 60,000 | 55,000 | 42,000 |
| 50 | 75,000 | 55,000 | 52,500 |
| 52 | 78,000 | 55,000 | 54,600 |
| 53 | 79,500 | 55,000 | 55,650 |
| 60 | 90,000 | 55,000 | 63,000 |

카드와 다르게 K-패스는 전국에서 이용 가능하며 일반 시내버스, 지하철 외에도 GTX, 광역버스, 민자 철도(신분당선 등)를 이용할 수 있어요.

청년이라면 월 평균 52회(왕복 26회) 이하 대중교통 이용 시 K-패스를, 월 평균 53회(왕복 27회) 이상 대중교통 이용 시 기후동행카드를 추천합니다. 단, 각 교통카드는 운영처 사정에 따라 조기 종료될 가능성이 있습니다.

### 4. 이벤트 참여하기

의외로 쉽게 절약할 수 있는 방법 중 하나는 이벤트 참여입니다. 문자나 이메일을 통해 간단한 설문 조사 등에 참여하면 기프티콘이나 사은품을 증정하는 이벤트가 많습니다. 편의점 상품권이나 음료 기프티콘은 물론, 조금만 더 신경 쓰면 더 큰 물건도 받을 수 있어요. 저는 이런 이벤트를 통해 최신형 카메라, 아이폰, 스마트워치, 블루투스 이어폰을 받은 적도 있답니다. 개인 정보 제공은 예민하게 받아들여야 하는 문제지만 크게 문제가 될 여지가 없다면 우선 참여해보는 것도 괜찮아요. 이렇게 얻은 상품은 나에게 필요 없다면 중고 마켓을 통해 현금화할 수도 있습니다.

### 5. 구글 알리미 키워드 등록

검색창에 '구글 알리미'를 검색해서 웹페이지에 접속해주세요(https://www.google.co.kr/alerts). 원하는 키워드를 등록해두면 정기적으로 관련 정보가 메일로 전송됩니다. 보통은 해당 키워드가 포함된 뉴스 기사가 전송되는데 수가 많지 않아 하루에 한 번 가볍게 확인하며 남들보다 빠르게 정

구글 알리미에서 키워드 등록한 내역      알림 설정된 키워드로 전송된 뉴스 기사

보를 얻을 수 있어요. 등록하는 키워드는 너무 자세한 것보다 대중적으로 많이 사용되는 큰 범위의 키워드를 추천합니다.

**등록 추천 키워드**

청년 지원, 저축, 할인, 이벤트, 무료로, 혜택, 출시, 세일, 적금 출시, 청년 저축

## 6. 정보용 인스타그램 계정 생성 및 알고리즘 수정

원하는 정보를 정리된 형태로 간편하게 얻고 싶다면 정보용 인스타그램 계정을 생성해보세요. 그리고 해당 계정에 접속해 검색창에 #할인 #저축 #절약 #꿀팁 등 원하는 정보의 해시태그를 검색해 천천히 10~50개의 사진, 영상 등에 팔로우, 좋아요, 저장 버튼을 눌러주세요. 알고리즘은 매우 예민하기 때문에 해당 정보용 계정에서는 꼭 관련된 정보만 클릭하며 활동하고, 관심 있는 정보는 반드시 직접 재검색해 정보의 진실성을 파악하세요.

알고리즘이 정리된 인스타그램 탐색 탭 추천 게시물

# 앱 200개 써보고
# 추천하는 앱테크

절약, 저축에서 빼놓을 수 없는 앱테크! 제가 직접 해본 앱테크만 200개는 넘는 것 같아요. 그렇게 알게 된 정말 좋은 앱테크를 판단하는 방법을 알려드릴게요.

## GOOD 앱테크

- 포인트를 현금으로 바꿀 수 있다.
- 포인트와 현금 가치가 동일하다.
- 포인트 획득이 앱 내에서만 이뤄진다.
- UI/UX가 복잡하지 않다.
- 광고가 필요 이상으로 나오지 않는다.
- 매일 또는 매번 참여할 수 있는 활동이 있다.
- 교환하는 기프티콘 가격이 실제 가격과 크게 차이 나지 않는다.

## BAD 앱테크

- 현금화가 되더라도 기준이 너무 높다. (예: 5만 원 이상)
- 포인트와 현금 가치가 동일하지 않다. (예: 100포인트=1원)
- 포인트 획득 시 앱에서 외부 사이트로 넘어가는 활동이 많다.
- 앱 알림이 필요 이상으로 많다.
- 한 번만 클릭해도 나갈 수 없는 긴 광고가 자주 나온다.
- 다른 앱을 설치하고 포인트를 받는 활동이 대부분이다.
- 가입 시 필요 이상으로 많은 정보를 수집한다.

157

제가 꾸준히 쓰고 있는 앱테크는 다음과 같습니다.

| 형태 | 이름 | 적립 형태 | 특징 |
|------|------|-----------|------|
| 만보기 | 캐시워크 | 걸으면 100보당 1포인트로 전환, 하루 최대 100포인트 | 현존 앱테크 중 오래되고 유명한 앱테크 |
| 만보기 | 네이버스 | 걸으면 300보당 1포인트로 전환, 하루 최대 40포인트, 대중교통 이용 시 2분당 1포인트로 전환, 하루 최대 60포인트 | 포인트를 따릉이, 카카오T, 일레클 등 교통 관련 이용권으로 교환 가능 |
| 만보기 | 라이프플래닛 | 1개월 간 20만 보 걸으면 최대 4,000포인트 적립. 걸음 수에 따라 매일 1회 100~1,000포인트 적립 가능 | 포인트를 편의점, 교보문고 포인트 등으로 교환 가능 |
| 만보기 | 토스 | 랜덤으로 토스 포인트 지급, 하루 최대 1만 보까지 인정 | 포인트를 현금으로 바로 전환하거나 결제 시 사용 가능 |
| 설문조사 | 엠브레인 | 간단한 설문, 좌담회 참석으로 50~2,000 포인트를 받을 수 있음 | 포인트를 현금으로 전환 가능 |

앱테크처럼 포인트를 얻거나 실제 돈으로 전환할 수 있는 건 아니지만 생활비 절약에 도움을 주는 다양한 앱도 있습니다. 다음의 표를 참고해 필요한 앱을 설치해보세요.

| 형태 | 이름 | 특징 |
|------|------|------|
| 쇼핑 | 폴센트 | 쿠팡에서 판매하는 특정 물품이 가장 저렴할 때 알려줌 |
| 카드 할인 | 더쎈카드 | 카드 실적을 관리하거나, 브랜드에 따라 어떤 카드가 가장 혜택이 많은지 알려줌 |
| 스팸 차단 | 후후 | 모르는 번호로 전화가 왔을 때 누구인지 알려줌 |
| OTT | KBS+ | KBS에서 방영한 프로그램을 무료로 볼 수 있음 |
| 건강 | 삼성 헬스 | 걸음 수, 식사, 잠, 운동 등 다양한 건강 관련 정보를 업데이트하거나 트레이닝을 받을 수 있음 |
| 건강 | 저스트 댄스 나우 | 매일 2회 무료로 간단한 댄스를 따라 출 수 있고, 운동 전 몸풀기로 좋음 |
| 건강 | 런데이 | 러닝 페이스 메이커 역할을 해주며 단계가 세분돼 초보자가 시도하기 좋음 |
| 이사 견적 비교 | 짐싸 | 한 번에 견적을 받아 비교하고 합리적인 비용에 이사할 수 있음 |
| 전자 도서관 | 교보 도서관 | 주기적으로 새로운 전자책이 업데이트되고 자동 반납 기능이 있어 이용하기 편리함 |

주의할 점! 생각보다 앱테크에 필요 이상으로 많은 시간을 투자하는 사람이 많습니다. 앱테크는 '남은 시간'을 돈으로 만들어주는 도구일 뿐인데, 이걸 부업 삼아 기를 쓰고 포인트 모으기에 집착하는 사람을 여럿 만나게

되더라고요. 앱테크를 할 때는 아무리 길어도 하루 30분 이내, 한 번에 운용하는 앱의 개수는 10개 이하로 하세요. 제가 추천하는 앱테크도 잘 살펴보면 만보기형, 방치형이 가장 많습니다. 최대 10분만 투자하면 쉽고 효율적으로 포인트를 모을 수 있거든요. "앱테크는 남는 시간도 돈으로 바꿔주는 도구다." 이 말을 잘 기억하고 앱테크로 여러 혜택을 받았으면 좋겠습니다.

# 식비 절반으로 줄이는
# 4가지 스킬

아무래도 가장 많이 지출하고 줄이기 어려운 소비는 식비가 아닐까 해요. 식재료 값도 너무 크게 오르고, 점심이라도 기본 1만 원대는 줘야 밥다운 밥을 먹을 수 있으니까요. 하지만 그렇다고 식비를 줄일 수 없는 건 아닙니다. 현재 저는 약 6년간 자취하며 집밥 위주로 식사를 해결하는데, 월 식비를 10만 원 이내로 적게 유지하고 있어요. 어떻게 식비를 줄일 수 있는지 함께 살펴볼까요?

### 1. 전단 꼼꼼하게 보기

가장 간단하고 쉽게 식재료비를 줄이는 방법은 전단을 유심히 보는 겁니다. 지역과 위치에 따라 전단이 우편함에 들어 있기도 하고 동네를 돌아다니다가 전단을 볼 때도 있습니다. 어떤 경우든 마주치게 됐다면 꼭 사진을 찍어 꼼꼼하게 확인해보세요. 그리고 목록을 정리해 스마트폰 메모장에 남겨둔 뒤 마트를 방문하면 식재료를 조금 더 저렴하게 구매할 수 있습니다. 할인하는 제품만 골라 올 수 있어 필요한 재료만 구매하는 습관을 만들기도 좋습니다.

## 2. 점심은 도시락으로

직장에서 식대나 식사를 제공하지 않는다면 도시락을 강력하게 추천합니다. 점심이라도 맛있게 먹어야 힘이 나지 않겠냐고 할 수도 있지만, 현실적으로 식대를 줄이는 데는 도시락이 최고입니다. 그렇지만 도시락을 먹겠다고 새로운 식재료를 사는 건 금지! 점심을 완벽하고 맛있게 먹는 게 아니라, 있는 재료로 적당히 배부를 만큼 먹고 저녁을 맛있게 먹는 데 초점을 맞추면 좋을 것 같아요.

기본적으로 전날 저녁에 남은 음식이나 냉장고에 있는 재료를 사용해서 도시락을 준비합니다. 가능하면 전날 저녁에 미리 준비해두세요. 매일 도시락을 싸기가 힘들다면 일주일에 한두 끼 정도만 도시락으로 대체하세요. 통장은 거짓말을 하지 않습니다. 다이소에서 도시락과 가방을 5,000 원 내외로 구매할 수 있습니다.


## 3. 혼자서 외식(배달)하지 않기

세상엔 맛있는 음식이 참 많습니다. 특히 피곤할수록 집밥보다 자극적인 외식이나 배달 음식이 더 당기지요. 하지만 조금만 피곤해도 습관적으

로, 혹은 보상 심리로 혼자 외식을 하거나 배달 음식을 먹는 건 피하세요. 먹더라도 즐겁게 이야기할 수 있는 사람과 함께하세요. 혼자서 시켜 먹는 횟수만 줄이더라도 꽤 많은 식비를 줄일 수 있습니다. 미리 냉장고에 바로 먹을 수 있는 음식을 준비해두면 난도가 훨씬 낮아지겠죠? 시장에서 밑반찬 3가지 정도를 구비해두고 주요리와 국 종류는 한번에 많이 만들어 냉동 보관한 뒤, 간편하게 먹을 수 있는 냉동식품까지 1~2개 갖춰둔다면 집에서 밥 먹는 게 어렵지 않을 거예요. 혼자서 집밥 먹는 습관을 만들면 버리는 식재료도 줄어들고 식비도 줄어 마음이 가벼워집니다.

### 4. 다 먹고 사기

자취를 하고 있다면 냉장고 속 식재료가 상해서 버리는 일이 꽤 자주 있었을 겁니다. 평소에 요리를 잘 하지 않다가 원하는 요리에 딱 한 번만 쓰기 위해 식재료를 구매했는데 양이 너무 많았거나, 같은 식재료는 먹고 싶지 않아 새로운 식재료를 샀는데 그만 잊어버리거나 등의 이유가 있겠죠. 제가 식비를 줄일 때 가장 효과적이었던 방법이 식재료를 다 먹고 난 이후에 새로 구매하는 냉장고 털이, 일명 '냉털'입니다.

일단 악순환의 고리를 끊어야 해요. 냉장고를 정리해 먹지 못하는 음식은 버리고 먹을 수 있는 음식만 남겨둔 뒤에 최선을 다해서 먹어보세요. 볶음, 찌개, 찜, 구이 등등 유튜브에 간단하고 맛있는 요리법이 많아요. 그러고 난 후에 장을 다시 보는 거죠. 이렇게 하면 냉장고를 비우는 데 생각보다 오랜 시간이 걸린다는 것을 알게 될 거예요. 내가 이만큼이나 먹을 수 있는데 자꾸 새로운 식재료를 사 와서 못 먹게 만들었구나, 하고 깨달아야 합니다.

냉장고를 비운 뒤 식재료를 살 때는 조금 비싸더라도 신선식품은 일주일 치만 구매하세요. 저렴하다고 대용량 제품을 사면 꾸역꾸역 먹다가 절반은 버리게 될지 몰라요. 냉동 제품이 있다면 그것으로 대체하는 것도 좋은 방법입니다. 마늘, 파, 양파 같은 식재료는 구매 직후 손질해서 냉동해두면 요리할 때 쓰기 편해요.

다 먹고, 구매하기. 이 패턴만 유지해도 식비는 크게 줄어듭니다. 앞에서 언급한 '폴센트' 앱을 사용해도 좋아요.

# 돈 쓰지 않고
# 자기 계발하는 법

클릭 한 번으로 뭐든 쉽게 배울 수 있는 세상이지만, 강의를 듣고 진행도 하다 보면 의외로 유료 수강생 중에서 굳이 노력하지 않아도 '나는 돈 냈으니까 성공할 수 있게 도와주겠지.' 하며 안일한 생각을 하는 사람이 꽤 많아요. 하지만 그런 마음이라면 얻을 수 있는 게 매우 적습니다. 그런 악순환을 끊기 위해선 자기 계발 선순환이 필요합니다. 자기 계발에 무작정 큰돈을 쓰지 말고 다음 순서대로 시작해보세요.

## 1. 책 읽기

자기 계발은 책 읽기부터 시작하기를 강력하게 추천해요. 책은 어떤 분야든 상관없이 기초 지식을 쌓기 굉장히 좋은 수단입니다. 책을 읽으면 여러 분야 전문가의 생각과 방법을 매우 저렴하고 빠르게 배울 수 있어요.

책을 입수하는 방법은 다음과 같습니다.

1. 도서관 또는 전자 도서관(교보도서관 앱) 이용: 0원

2. 도서관 희망 도서 신청: 0원

3. 중고 서점/중고 마켓을 이용하거나 전자책 구매: 정가 대비 약 10~30% 할인, 읽은 뒤 소장하고 싶지 않다면 즉시 재판매도 가능

4. 새 책 구매: 교보문고 '바로드림' 서비스를 이용하면 10% 할인가로 구매 가능

또 책으로 기초 지식을 쌓을 때 중요한 것은 빠르게 읽기, 같은 종류의 도서 많이 읽기, 바로 적용(실행)하기입니다. 처음 책을 읽을 때는 중심 내용을 찾거나 정보를 분별하는 능력이 없을 겁니다. 그런데 같은 분야의 책을 빠르게 많이 읽으면 모든 책에서 말하는 공통적인 이야기와 그 책의 중심 내용을 찾을 수 있게 됩니다. 자연스럽게 정보 분별력이 생기고 정보를 습득하고 응용하는 능력 또한 빠르게 성장해 이후에 비슷한 책을 읽었을 때 더 빠르고 깊이 있게 중심 내용을 파악하고 적용할 수 있게 되더라고요.

또 아무리 좋은 책을 읽고 큰 감명을 받았다고 하더라도 실제로 내 생활에 적용하지 않으면 의미가 없어요. 아주 작은 것이라도 좋으니 책에서 말한 내용을 직접 실천해보세요. 주식 책을 읽고 실제로 책 내용에 따라 투자를 해보거나, 습관 책을 읽고 새로운 습관을 실천해볼 수도 있습니다.


## 2. 무료 콘텐츠 이용하기

누가 공짜로 좋은 정보를 알려줄까 싶지만 생각보다 양질의 무료 정보가 매우 많습니다. 중요한 것은 양질의 정보를 걸러낼 수 있는 능력이죠. 이 능력은 독서를 통해 자연스럽게 기를 수 있어요. 독서를 통해 기초만 잘 배워놓는다면 유튜브, 블로그, 인스타그램 등에서 다양한 무료 콘텐츠

를 보며 책에서 배우지 못했던 실무를 간접 체험할 수 있어요.

책은 출판까지 여러 사람을 거쳐 검수하기에 정보의 시차가 생기고, 막상 실제로 적용하려 하면 잘 맞지 않는 내용이 있을 수도 있습니다. 그렇기에 현재 이슈 또는 상황에 따라 무료 콘텐츠를 통해 배운 내용을 적용하는 편이 나을 수 있습니다. 책을 충분히 읽은 뒤라면 내 머릿속에 정리된 정보가 존재하기 때문에 무료 콘텐츠를 보거나 유료 강의를 들었을 때 습득력, 적용력, 흡수력 자체가 달라집니다.

### 3. 문화센터 이용하기

책을 읽거나 강의를 듣는 것만으로 부족하다고 느낀다면 가까운 문화센터(홈페이지)를 방문해보세요. 백화점에서는 1회성으로 열리는 재테크, 경제 관련 강의가 많고 수업료 2만 원에서 4만 원으로 부담스럽지 않아요. 또 해당 강사님들은 전문 지식을 갖추었을 뿐만 아니라 그 자리에서 바로 질의응답도 가능하기에 기회를 놓치지 않고 잘 활용했으면 좋겠어요. 이런 딱딱한 자리가 부담스럽다면 자기 계발 모임을 중점적으로 운영하는 소모임 앱(문토, 프립, 남의집 등)을 통해 단기성 자기 계발 모임에 참석하거나 강의를 들어보는 것도 추천합니다.

**공부 방법 요약**

- 기초 지식이 필요하다 = 독서(같은 분야의 책을 단기간에 많이 읽는다)
- 기초 지식 이상으로 깊게 배우고 적용하고 싶다 = 무료 콘텐츠, 온라인 강의
- 현재 상황에 맞는 지식을 전문가에게 배우고 싶다 = 문화센터 현장 강의 듣기

# 반려동물을
# 키우고 싶다고?

현재 저는 8년째 강아지 2마리를 혼자 키우고 있습니다. 이를 보고 반려동물을 입양하고 싶다거나, 절약하는데 반려동물을 어떻게 키우냐는 메세지를 받기도 합니다. 반려동물을 키우고 싶다면 이 기회에 제대로 의견을 전달하고 싶어요.

가능하면 반려동물을 키우지 않는 것을 추천합니다.

의외의 답변에 놀라는 분도 있을 것 같은데, 현실적으로 은퇴를 했거나 경제적 자유를 이뤘거나, 다른 사람에게 관리를 맡길 만큼 돈이 있는 경우가 아니라면 젊은 시절에는 반려동물을 키우지 않는 게 모든 면에서 좋습니다. 반려동물이 생기는 순간부터 반려동물이 여러분 인생의 모든 판단과 결정의 기준이 되거든요.

예를 들어 자취를 하려고 합니다. 혼자라면 좁더라도 고시원이나 오피스텔, 좋은 신축 빌라에서 살 수 있지만 반려동물이 있다면 여러분의 선택지에서 깨끗한 집과 건물은 대부분 제외됩니다. 대체로 집주인들은 반려동물을 좋아하지 않고, 키우도록 허락해주는 집은 오래된 집일 확률이 높습니다. 반려동물은 보통 실내에 있는 시간이 길기 때문에 너무 좁은 집을 선택할 수도 없어요. 이상하게 집을 찾을 때마다 반려동물이 있다는 사실을 눈치를 보며 말해야 할 때도 있죠. 여행이나 이동 또한 자유롭지 않습니다. 갑자기 어디론가 훌쩍 떠나버리고 싶을 때도 반려동물을 봐줄 사람부터 찾거나 호텔에 맡겨야 합니다. 그에 필요한 추가 비용도 적지 않겠죠?

저는 강아지가 있기 때문에 여행은 물론 하룻밤 외출도 쉽지 않습니다. 가까운 곳에 부모님이나 친구가 있다면 외출이 가능하지만 그것도 마음이 편하진 않죠. 현실적으로 더 다양한 것을 할 수 있는 시간에 반려동물이 발목을 잡을 수도 있다는 점을 알아두셨으면 좋겠어요.

기본 유지비와 병원비까지 하면 더 힘이 듭니다. 지금 제 강아지 2마리 중 1마리는 평생 약을 먹어야 하는 지병이 있어 월 약값만 최소 10만 원이 넘습니다. 최근에는 단순 검사만 했을 뿐인데도 100만 원 이상의 비용이 들었고요. 반려동물이 아픈 순간 내가 모아둔 돈이 훅 사라질 수 있어요. 일주일에 1,000만 원 넘는 돈을 쓰는 것도 어렵지 않은 곳이 동물 병원입니다.


강아지를 키우고 있으면서 왜 이렇게 부정적이냐는 생각이 들 수도 있을 것 같아요. 저는 제 모든 것을 줄 수 있을 정도로 강아지들을 사랑하고 아끼지만 그게 절대 쉽지 않은 일이라는 사실을 알고 있기 때문입니다. 저는 강아지를 처음 데려왔던 20살부터 모든 상황에서 강아지를 최우선으로 선택할 거라 다짐했어요. 그리고 8년째 여전히 최우선으로 여기며 사랑하고 있죠. 지금처럼 직장을 다니지 않고 온라인에서 돈을 벌고자 한 이유에 강아지와 같이 많은 시간을 보내고 싶다는 것도 포함될 정도입니다.

24시간 함께 붙어 있고 매일 산책을 하고, 직접 미용을 해주고, 치료에 돈을 아끼지 않죠.

저축을 처음 시작할 때 가장 큰 목표는 경제적 자유를 이루는 것이었지만 만약 중간에 강아지가 아프다면 치료에 모든 돈을 쓰겠다는 생각으로 살아왔습니다. 저는 어릴 때부터 자유롭게 일할 수 있는 상황이 된다면 국내, 국외 관광지에 1개월씩 머물면서 살고 싶다는 꿈이 있었는데, 지금은 어디서 일해도 상관없는 디지털 노마드임에도 어디로도 떠나지 않고 있어요. 반려동물을 위해 이 정도 희생할 각오가 없다면 애초에 어떤 생명이든 데려오지 않는 것이 맞습니다.

내 인생에서 오직 한때만 즐길 수 있을지도 모르는 것을 포기하더라도 반려동물과 함께하고 싶다면, 저는 반려동물을 데려오는 것도 좋은 선택이라 생각합니다. 반려동물과 함께 만드는 추억은 특별하거든요. 무조건 나를 사랑해주는 존재가 있다는 건 매우 행복한 일입니다. 외로움도 줄어들고 생명의 온기가 무엇인지 알게 돼요. 대신 행복한 공동생활을 위해서 무엇보다 돈이 필요합니다. 치료할 수 있는 병인데도 돈 때문에 치료를 포기해야 한다면 평생 가슴이 아플 것입니다.

건강할 때부터 차근차근 저축을 더 열심히 하고 반려동물을 가족으로 인정했으면 좋겠어요. 가끔 예쁘다는 이유로 불편한 옷을 입히거나 과도하게 미용을 시키거나 제품을 과하게 사용하는 사람을 볼 때가 있는데 정말로 반려동물이 좋아하는 게 맞는지 생각해보세요. 반려동물은 예쁜 옷, 멋진 미용보다 나와 함께 보내는 시간과 쾌적한 환경을 더 좋아할 거예요.

반려견의 경우 여유가 된다면 반려견 미용 학원을 통해 기본적인 관리 방법을 배워두는 것도 큰 도움이 됩니다. 저도 고등학생 때 반려견 미용사를 꿈꾸며 배운 미용 기술로 지금까지 강아지들을 직접 미용하고 관리해 주기 때문에 불필요한 지출이 발생하지 않아요. 반려동물 입장에서도 스트레스를 줄일 수 있어 굉장히 좋죠. 반려동물을 입양하고 싶나요? 충분한 돈, 함께 보내는 시간, 깨끗한 주거 환경만 갖춰졌다면 반려동물을 키울 준비는 다 된 셈입니다. 최선을 다해 아끼지 말고 사랑해주세요.

# 3장

# 저축 목표 달성

1억 원, 그리고 그 이후

# 2년 반 만에
# 1억 원을 저축하다

약 3년이라는 시간 동안 제 인생은 180도 바뀌었습니다.

20대에 1억 원이라는, 평범한 사회 초년생에겐 매우 큰 자산을 모았고, 직장 없이도 월급 이상의 수입을 올리며, 삶의 주체는 나로 바뀌어 내가 원하느냐 원하지 않느냐에 따라 모든 의사 결정을 내릴 수 있게 됐습니다. 모두 안 될 것이라며 저를 말렸지만, 결국 누구나 원하는 삶을 얻었어요.

물론 여기가 저의 최종 종착지는 아니죠. 제가 계획했던 것 중 첫 단계가 이제 막 끝났을 뿐입니다. 하지만 모든 과정 중 가장 어렵고 괴로운 게 바로 종잣돈 만들기라고 생각하기에 이제 웬만한 건 두렵지 않습니다. 최선을 다해서 해보고, 실패하면 다시 준비해서 도전하면 되니까요.

겉으로만 보면 저는 단순히 돈만 모은 것처럼 보일지도 모르지만, 1억 원을 모으는 3년 동안 경험하고 배운 것들은 저의 가치관 전체를 바꿔놓았습니다. 그 전까지 배워온 어떤 것보다 큰 영향을 미쳤어요.

의미 있고 소중한 시간이었어요. 항상 누군가를 위해서 일하고 그에 대한 보상을 시간 단위로 받는 게 너무 당연했는데, 이제는 일하지 않아도 알아서 돈을 벌어다 주는 일꾼을 무한히 만들 수 있는 방법을 깨우치게 됐으니까요. 시간이 흐를수록 돈을 얼마나 벌 수 있느냐에 따라 일을 선택하지 않고, 나에게 의미가 있는 일인지, 어떤 가치와 어떤 사람에게 도움이 될 수 있는지에 따라 일을 선택할 수 있게 된 것도 굉장히 만족스럽습니다.


통장에 1억이라는 숫자가 찍혀 있을 때의 기분은 어땠냐고요? 행복했습니다. 원하던 목표를 당당하게 이뤘고, 원래 생각했던 5년이란 시간보다 무려 절반이나 줄여서 달성할 수 있었으니까요. 그런데 딱 그만큼만 기뻤어요. 꽤 오래전부터 이때쯤 1억 원을 모으겠구나 예측하고 있었고 그대로 달성했기 때문에 큰 감정의 변화는 없었습니다. 가족은 파티라도 해야 하지 않을까 하며 기쁘게 축하해줬지만, 저는 기뻐하기엔 너무 이르다고 생각했고 이제부터가 진짜 조기 은퇴를 위한 시작이구나 싶어 다시 한번 달릴 준비를 했습니다.

대신 1억 원 저축과 동시에 공식적인 극단 절약 생활도 끝나 지출은 자연스럽게 많이 늘었어요. 친구와 자주 만나게 됐고, 다양한 모임이나 강의에 참여하며 자기 계발도 했습니다. 저축 1억 원을 달성했을 때 우연히 짧은 여행 중이었는데 그날 정말 오랜만에 편안한 마음으로 모든 식사와 간식까지 가격 상관없이 먹으며 휴식하고 하루를 행복하게 보낸 기억이 있네요.

이제는 더 이상 하루하루가 불안하지 않습니다. 정말 최악의 상황이 왔다고 하더라도 최소 3년 이상 일하지 않아도 될 만큼 자산이 있고, 만약 돈을 다 잃었다고 하더라도 처음부터 다시 시작할 자신이 있습니다. 저는 무엇보다 이 '다시 일어날 마음가짐'이 정말 중요한 것 같아요. 이것은 절대 돈으로 살 수 없습니다. 스스로 끊임없이 생각하고 배우려고 노력해야 이런 마음에 도달할 수 있으니까요.

돈을 모으는 또래 친구들을 보면 성공에 대한 희망은 뚜렷한데 실패에 대한 대비책은 생각하지 않는 경우가 많습니다. 저도 그랬습니다. 여기서 더 잘되면 잘됐지, 망한다는 가정은 애초에 해보지도 않았습니다. 하지만 여러 책을 읽으면서 최악의 상황을 생각하고 대비하는 게 중요하구나 싶어 어디까지 망해도 다시 일어날 수 있을지 생각해보았어요. 노숙하는 상황만 아니라면 어떻게든 버틸 수 있겠다는 결론이 나왔습니다. 제가 생각보다 더 낮은 곳까지도 버틸 수 있다는 사실에 조금 놀라기도 했죠.

책에서 중산층은 실패하면 가난한 사람들보다 다시 일어나기 힘들다는 내용을 읽은 적이 있습니다. 그들은 가난을 경험해본 적이 없기에 최악의 상황이 찾아오더라도 자신의 현재 수준과 맞지 않은 집과 차를 유지하며 체면을 세우고, 경험하지 않은 더 낮은 곳으로 갈 것을 고려하지 않기 때문이라고 하더라고요. 《세이노의 가르침》이라는 책에도 이런 말이 나옵니다.

"가난을 일찍 경험한 사람들은 가난했던 생활수준이 출발점이었기에 그곳으로 언제라도 '되돌아가는 것'을 부끄럽지 않게 생각한다는 것이다. 그들은 일이 잘못돼 갖고 있던 재산을 모두 다 날리는 실패를 당하게 되어도 시작점으로 '되돌아가' 재출발을 할 줄 안다."

저 또한 아무것도 없이 시작해서 지금까지 버틴 경험이 있기 때문에 처음으로 돌아갈 힘이 있습니다. 20대에 1억 원이라는 큰돈을 확보했고 그것을 지키기 위해 전력을 다해 노력할 테지만, 만약 이 돈을 잃더라도 찾아올 가난이 두렵지 않기에 더 열정적으로 도전하고 살아갈 수 있어요. 이제 저의 최종 목표를 위한 두 번째 달리기가 다시 시작됩니다. 이 또한 성공할지, 실패할지 그 누구도 모르지만 한번 해보려고 해요. 해보지 않으면 100% 실패할 뿐이니까요.

실패했다면 포기하지 말고, 계속 일어나고 또 일어나세요. 그리고 다시 시도하세요. 수많은 실패를 겪더라도 단 한 번의 성공만 있으면 됩니다.

# 돈 걱정 없는 행복을
# 맛보다

　돈이 있으면 행복한 이유는 무엇보다 안정감을 주기 때문이라고 생각해요. 어떤 것이든 돈을 크게 고려하지 않고 결정할 수 있다는 건 굉장한 일입니다. 과거에는 매사에 항상 돈이 걸림돌이 됐습니다. 집도, 직장도, 가족도 모든 문제에서 가장 큰 걸림돌은 돈이었죠.

　'돈이 충분했다면….'

　우리 집에는, 나에게는 그런 문제를 쉽게 해결할 돈이 왜 없는지 항상 고민이었어요. 자기 계발서나 부자의 마인드에 관련된 책을 보면 부자를 어떻게 생각하는지에 대한 부분이 꼭 나옵니다. 부자는 올바르지 않은 방법으로 돈을 번 사람이라고 생각하거나 나쁜 사람이라고 생각한다면 절대 부자가 될 수 없다면서요. 사실은 돈 많은 사람을 부러워하는데 나는 그럴 수 없기 때문에 부럽지 않은 척, 돈이 없어도 행복한 척하는 것을 알아차리고 부자에 대한 고정관념, 가치관부터 바꿔야 한다고 말합니다.

저도 예전에는 돈이 많지 않더라도 소소하게 아끼면서 살다 보면 행복할 수 있지 않을까 생각했죠. 하지만 결국 돈이 많았으면 좋겠다는 마음을 애써 감췄던 것이고, 사실은 돈이 부족하지 않았으면 좋겠다는 게 저의 진짜 마음이라는 걸 알게 됐습니다. 저는 돈이 좋아요. 돈으로 쉽게 해결할 수 있는 문제가 너무 많고, 돈으로 내가 하고 싶은 것을 하고, 살고 싶은 집에서 걱정 없이 살 수 있는 데다 돈이 가져다주는 행복감과 안정감이 저를 더 저답게 살게 해주니까요.

이젠 무엇도 쉽게 저를 조급하게 만들지 않습니다. 당장의 수익이 없어도, 돈과 관련된 큰 문제가 생겨도 초조하지 않아요. 매사에 장기적으로 나에게 도움이 되는 방향으로 준비하고 시작할 여유도 생겼죠.


최근에는 전세 사기 피해자가 정말 많죠? 저도 의도치 않게 전세로 살던 집의 보증금을 오랜 기간 돌려받지 못했습니다. 8,000만 원이라는 큰 보증금 중 일부는 심지어 대출을 받았기 때문에 대출이자가 계속 빠져나갔죠. 결코 좋지 않은 상태였습니다. 이 문제 때문에 오래전부터 계획했던 내 집 마련도 무기한 보류됐습니다. 하지만 그럼에도 저는 조급해하지 않았습니다. 물론 두려웠습니다. 제가 열심히 모은 돈이 한순간에 사라질 수도 있는데 어떻게 평온하기만 했겠어요. 하지만 마음을 단단히 먹고 잘 해결하려 했습니다.

이런 전세 보증금 반환에 대한 문제가 생겼을 때, '임차권등기명령'을 해두면 등기부등본에 집주인이 보증금을 세입자에게 돌려주지 않았다는 사실을 명시할 수 있고 그 뒤에 이사를 하면 법정이자가 보증금의 5%씩 붙게 되는 제도가 있습니다. 하지만 이걸 알면서도 대부분의 피해자들은 돌려받지 못한 전세금이 자신의 전 재산이기 때문에 무작정 그 집에서 머물며 집이 나가기를, 심한 경우 경매를 기다리게 됩니다.

저는 다행히 다른 곳으로 이사할 수 있는 보증금도 있었고, 집에 대한 법적 조치를 취할 돈도 있었기에 안전하게 다른 곳으로 이사한 뒤 법정이자가 다달이 쌓이는 상태에서도 집 문제를 해결할 수 있었습니다. 상황만 보면 슬펐죠. 피땀 흘려 모아둔 돈을 잃게 될 수도 있었으니까요. 하지만 여유 자금 덕분에 계약금을 날리지 않고 새로운 집으로 이사할 수 있었고, 도움을 요청할 비용도 감당할 수 있었어요.

저축하기 가장 좋은 시기는 큰돈이 필요 없는 때라고 했는데 반대로 뒤집으면 큰일이 생겼을 때 과거에 모아둔 돈이 나를 살린다는 뜻입니다. 저도 일이 닥치기 전까지 단 한 번도 전세금을 못 받을 거란 생각을 해본 적이 없어요. 하지만 어떤 일은 아무도 예측하지 못한 시기에 벌어지고, 당장은 아니더라도 살다 보면 어떤 식으로든 큰돈이 필요한 시기가 찾아올 때가 있을 거예요. 그럴 때 나를 가장 든든하게 지켜주는 게 그동안 쌓아둔 돈입니다.

저는 어린 시절부터 돈에 대한 제약과 갈망을 많이 느꼈습니다. 그리고 20대부터 자취를 시작하면서 집에 대한 욕심이 더욱 커져갔어요. 처음에는 가진 돈이 없었기에 보증금과 월세만 적절하면 집에 하자가 있든 없든 감사하며 들어가 살았습니다. 그러면서 정말 별별 집에서 다 살아봤습니다.

공포 영화에 나올 것 같은 데다 지은 지 50년이 넘은, 에어컨 없는 5평짜리 복도형 아파트, 20대 여성이 혼자 살겠다고 온 적은 처음이라며 집주인이 놀랐던 엘리베이터 없는 6층짜리 상가 건물 옥탑방, 창문이 제대로 닫히지 않아 겨울엔 비닐로 창틀을 감싸야 했던 20년 넘은 낡은 빌라까지. 깨끗하고 작은 원룸이나 오피스텔에서 자취 생활을 하는 친구들을 보면 얼마나 부러웠는지 몰라요. 자취방을 옮길 때마다 친구들은 "그래도 이전 집보다는 낫다."라고 말해주곤 했지만 안쓰러움이 마음 한구석에 있지 않았을까 생각합니다.

그럼에도 저는 그 과정조차 재밌었어요. 이사할 때마다 한 단계씩 업그레이드되는 자취방을 보면서 다음에는 얼마나 더 좋은 곳으로 갈 수 있을까, 흥분됐거든요.

지금 살고 있는 집은 참 마음에 들어요. 그간 살아온 자취방은 잠시 머물렀다 가는 공간에 불과했고, 집에 대한 애착이 거의 없었어요. 집을 떠올렸을 때 온기보단 차갑고 축축한 시멘트 같은 느낌이 들어 정이 생기지 않았죠. 하지만 지금 살고 있는 집은 신축 빌라에 시스템 에어컨이 방마다 있고, 비데가 설치돼 있으며, 섀시도 이중이어서 겨울엔 보일러를 틀지 않아도 따뜻합니다.

이런 조건이 누군가에겐 당연할 수 있지만 저는 이 조건을 갖춘 집에 살기 위해 8년이라는 시간이 걸렸어요. 돈이 있으니 점점 더 좋은 조건의 집을 포기하지 않아도 됐고 내가 살고 싶은 집에 살 수 있는 선택권이 생겼습니다. 이젠 부모님도 집을 보고 측은하게 여기지 않아요. 깨끗한 집에 사는 제가 좋아 보인다며 안심하고 돌아가시죠.

과거의 저는 매우 부정적인 사람이었습니다. 부모를 잘 만난 친구들은 노력하지 않아도 잘 사는구나, 능력이 있는 친구는 능력으로 많은 돈을 쉽게 버는구나 하며 불평불만이 가득했고, 스스로 한계를 설정해 거기에만 맞춰 사는 사람이었죠. 하지만 아주 작은 경험 하나, 사소한 계기 하나로 저는 세상 밖으로 나가게 됐고, 거기서 희망을 찾고, 제 잠재 가치를 알게 되면서 과거에는 절대 상상하지 못했던 것들에 한 발 한 발 다가가고 있습니다. 그래서 점점 인생이 재밌어지고, 어려움이 다가와도 이걸 이겨냈을 때 얼마나 더 성장할 수 있을지 궁금해하며 즐거움과 희망을 잃지 않는 사람이 되고 있어요.

저는 여전히 특별하지 않습니다. 스스로 다른 사람보다 잘 났다고 생각하지도 않고요. 하지만 원하는 목표를 위해 계속 달리고 달렸더니 점점 꿈꾸던 일들에 가까워지고 있다는 걸 확실하게 느낍니다. 지금의 나는 절대 이룰 수 없을 거라고 막연하게 생각하던 것들이 있다면 전부 이룰 수 '있다'고 생 각을 바꿔보세요. 꿈을 위해 도전하고 달리는 사람에겐 어떤 방법으로든 그 꿈이 다가옵니다.

# 20대에 절약한다고
# 악플 달았던 사람들에게

　우리는 성공한 사람들을 보면서 그들이 뭔가 특별한 수단을 써서 부자가 됐다고 생각하지만, 의외로 사소한 것 하나, 작은 노력 하나를 놓치지 않고 꾸준히 하기가 정답일 때가 있죠. 어떤 자기 계발 책 저자는 성장하기 위해 하루에 딱 3시간 책을 읽고 나머지는 게임을 하거나 여가 시간을 가졌다고 합니다. 단순하게 보면 하루에 3시간밖에 노력하지 않아도 성공할 수 있다고 이해할 수도 있지만, 제가 보기엔 매일 3시간씩 하루도 빼놓지 않고 무언가를 한다는 건 무척이나 대단한 일입니다.

　과거의 제 저축이 실패했던 이유도 살다 보니 너무 피곤하거나, 바쁘거나, 다른 일이 생기거나 하는 변수 때문에 절약 원칙을 지키지 못했기 때문입니다. 그런 일이 겹치면서 결국

186

결심이 흔들리고 포기하게 됐죠. 제가 볼 때 세상 모든 성공은 아주 단순한 규칙을 지니고 있는 것 같아요. 어떤 것이든 꾸준히 원하는 목표를 이룰 때까지 해야 한다는 겁니다.

"잘 아껴서 잘 살겠다는 사람에게 대체 왜 악플을 달지?"
　저는 약 1년 반 전만 하더라도 알게 모르게 비난과 악플을 많이 받았어요. 악플 대부분은 '20대(젊은 사람)가 극단적으로 절약한다'에 초점이 맞춰져 있었습니다. 당시 꽤 여러 방송에 출연했는데, 한 방송이 유독 많은 관심을 받으면서 영상에 여러 댓글이 달렸습니다. 그땐 진심으로 절약하고 있을 때여서 남들이 생각하기에 정말로 궁상맞아 보일 수도 있었을 것 같아요. 1개월간 딱 6일 동안만 돈을 쓴 적도 있었고, 자취하면서 모든 지출을 합쳐 1개월간 40만 원만 쓴 적도 있습니다. 그당시 가계부를 보면 정말 숨만 쉬고 살았더라고요.
　그래도 전 그다지 불행하다고 느낀 적이 없었어요. 정말로 절실하게 돈이 필요했고, 돈이 있어야 제가 하고 싶은 일을 걱정 없이 편하게 할 수 있는 기반을 마련할 수 있다고 생각했으니까요(이미 알고 계실 수도 있겠지만 현실적으로는 저축만으로 부자가 될 수 없습니다. 그럼에도 계속 저축을 하라고 말하는 이유는 재테크와 투자를 위해 최소한의 자본금이 필요하기 때문이에요).

　저를 비난하는 사람들이 단골로 걸고넘어지는 또 다른 주제는 돈을 더 벌기 위해 이직이나 자격증 취득을 통해 스펙을 쌓아 연봉을 높이지 않고 성공할지 실패할지도 모르는 콘텐츠 제작을 부업 삼아 거기에 많은 시간을 쏟았다는 것입니다. 하지만 저는 확실하게 말할 수 있어요. 지금까지 꽤 많은 재테크, 자기 계발, 경제 분야의 책을 읽었지만 놀랍게도 이런 책들에는 젊을 때 이직을 하거나 스펙을 쌓으라는 말은 거의 없어요. 오히려 재테크 공부하는 시간을 확보하기 위해 연봉을 낮추더라도 워라밸이 보장되는 곳으로 이직하는 선택지가 있다는 이야기가 더 많았죠.

경제적 자유를 이룬 사람들은 누군가의 밑에서 일하기 위해 실력을 쌓지 않습니다. 오로지 자신을 위해, 돈이 자신을 위해 일하게 시키려고 공부하고, 안정적인 회사를 벗어나 독립하려고 하죠.

여러분이 지금 저축해야 한다고 생각하는 이유가 단순히 남들보다 돈을 더 많이 모으고 싶어서는 아닐 거라고 생각합니다. 가족의 행복, 나의 행복, 나의 꿈을 위해, 현재의 행복보다 미래의 행복을 위해 저축을 시작했겠죠. 책과 강의를 통해서 왜 회사에 평생 있으면 안 되는지, 왜 노동으로 돈을 벌면 안 되는지 스스로 깨우쳐야 합니다. 이걸 알지 못하면 평생 여러분은 햄스터가 쳇바퀴를 굴리는 듯한 삶에서 벗어나지 못할 거예요.

제가 운영하는 재테크 독서 모임에 참여한 사람들도 처음에는 저축을 어떻게 해야 하는지, 어떻게 예산을 짜야 하는지 등 평범한 이야기를 합니다. 하지만 읽는 책이 1권씩 쌓여갈수록 저축만이 정답이 아니라는 사실을 깨닫고 세상에 감춰진 부분이 너무나 많다고 느끼게 됩니다. 그리고 더 나아가 회사 월급으로 어떻게 생활할지 고민하지 않고, 내가 가진 재능과 능력으로 어떻게 다른 가치를 창출할 수 있을지까지 생각합니다. 그런 성장 과정을 보고 저도 많은 것을 느끼고 배웠어요.

그간 "네가 잘 모르나 본데 지금 굉장히 잘못된 선택을 하고 있어."라는 식으로 말하는 사람들이 많았지만, 지금 생각해보면 그들은 사실상 재테크나 경제 도서는 거의 읽어보지 않고, 어디서 들은 소문이나 지식으로 저를 판단하고 제게 겁을 줬을 뿐입니다. 경험자로서 그리고 계속 더 성장하려는 사람으로서 말하자면, 지금 내 노력은 절대 의미 없지 않습니다. 소중한 시간을 의미 없는 곳에 버리는 것도 아니죠. 지금 최선을 다해서 저축을 하고 공부를 하며 인생의 목표를 향해 달려간다면 그 결과가 좋지 않더라도 충분히 의미 있는 경험을 한 것이고, 그 경험을 통해 배우는 게 있습니다.

저라고 좋은 일만 있지는 않았죠. 정말 세상이 무너질 정도로 망가졌던 날들, 회복하기 어려워 영원히 도망치고 싶었던 날들, 최선을 다했지만 어떤 결과도 얻지 못해 눈물만 흘렸던 날들이 있었어요. 하지만 상처받고 아팠다고 해서 성과 없이 노력했던 것을 후회하지는 않습니다. 그만큼 단단해졌고, 웬만한 시련이 닥쳐도 이겨낼 방법을 찾을 수 있게 됐고, 감당하기 어려운 시련은 견디면 지나간다는 걸 배웠으니까요.

　악플도 마찬가지였습니다. 살다 보면 악플이라는 게 인터넷 속 연예인뿐 아니라 평범한 나에게도 어떤 형태로든 따라붙을 수 있습니다. 걱정을 가장한 비난이나 조언, 또는 내 뒤에서 들리는 여러 소문도 악플과 같습니다. 의도치 않게 미디어에 제 일상을 공개하면서 실제로 악플을 받아보니 충격에서 벗어나기 힘들었어요. 단순히 내가 살아가는 모습과 앞으로의 계획을 숨기지 않고 보여줬을 뿐인데 생각지도 못한 나쁜 말들을 보게 됐습니다.

　처음에는 당황스러웠죠. 그 주장들이 사실이 아님을 알고 있어도 상처가 계속 쌓였습니다. 이후 행동 하나하나를 조심하고 조금 과할 정도로 주변 눈치나 시선을 신경 쓰게 되더라고요. 100개의 좋은 말이 있더라도 1개의 악플이 계속 생각나고 쉽게 지워지지 않았어요. 누군가에게 쉽게 휘둘리지 않는 성격임에도 댓글 창을 없애거나 열심히 키운 유튜브 채널 운영을 쉬고 싶다는 생각이 들 정도로 마음이 다친 적도 있습니다. 하지만 지금은 악플을 완전히 신경 쓰지 않게 됐습니다.

악플이라고 생각되는 말을 보면서 왜 이 사람은 나에게 이런 말을 굳이 썼을까 고민해보니 시기, 질투, 부러움이 그 이유더라고요. 어린 나이에 큰돈을 모은 제가 부럽지만 그렇다고 인정하긴 싫거나, 자신의 인생은 그렇게 마음에 들지 않는데 제 인생은 생각보다 살 만해 보이니 부러움에 악플을 단다는 결론을 내렸습니다. 그리고 실제로 그렇지 않더라도 나를 위해 그렇다고 생각하기로 했습니다. 그냥 "너, 내가 부럽구나?" 하고 악플을 넘기기 시작했어요. 그러자 신기하게 악플을 봐도 아무렇지 않더라고요.

누군가 나의 목표나 내가 하고 있는 것들에 악의를 가지고 조롱, 비난, 날 선 말을 한다면 속으로 '너, 지금 내가 부럽구나?'라고 생각해보세요. 생각보다 효과가 굉장히 좋습니다.

여전히 악플은 끊이지 않아요. 만약 논리 하나 없이 공격하려는 의도만 가득한 사람이 있다면 어떤 반응도 하지 않고, 맞서 싸우지도 않고, 그의 댓글은 삭제하고 아이디는 차단해서 악플의 뿌리를 뽑기도 합니다. 내가 즐겁고 행복하고 재밌기 위해서 하는 활동에 재를 뿌리는 사람이 있다면 굳이 그 사람까지 안고 갈 필요는 없습니다.

현실에서도 그런 사람이 있다면 과감하게 관계를 끊어내야겠죠. 행복하기만 해도 모자란 세상에 감정적으로 괴롭게 하는 사람이 옆에 있으면 자존감이 떨어집니다. 여러분이 아무리 회복하려고 해도 여러분을 자꾸 밟으려고 할 거예요. 오래 전부터 알던 사이, 친했던 사이 등 그 사람과 어떤 관계였는지는 상관없습니다. 그가 나를 긍정적으로 만들어줄 수 없다면 과감하게 끊어내고 차단하고 삭제하세요. 그것만으로도 내 인생이 조금 더 밝아질 거예요.

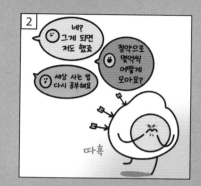

# 1억 원 달성, 그리고 새로운 목표

당장 통장에 1억 원이 있다면 무엇을 하고 싶으세요? 가족과 친구에게 맛있는 밥을 사주고, 여행을 가고, 먹고 싶은 것을 걱정 없이 먹고, 사고 싶은 것을 걱정 없이 사는 일상을 꿈꾸진 않나요? 계획했던 종잣돈 저축을 끝냈다면 분명 칭찬받고 보상받을 만합니다. 지속적으로 절약하고 저축하고 수입을 만드는 건 쉽지 않은 일이니까요. 책을 쓰고 있는 지금 벌써 절약 생활을 끝낸 지 8개월이 넘어가고 있습니다. 그럼 1억 원을 모은 뒤, 저는 무엇을 했을까요? 여행? 휴식? 쇼핑?

사실 아무것도 하지 않았습니다. 그저 다음 목표를 위해 다시 계획을 세우고, 달려가기 시작했죠. 저도 사람인지라 가끔은 쉬고 싶고, 여행도 가고 싶고, 1개월 정도는 아무것도 하지 않고 먹고 놀면서 지내고 싶기도 해요. 하지만 그럼에도 쉬지 않는 이유는 아직 쉬기엔 너무 이르다고 생각하기 때문이에요.

1억 원이라는 저축 목표를 달성한 뒤, 무엇을 위해 달려야 할지, 얼마나 더 돈을 모아야 할지 잠깐 방향을 잃은 시기가 있었습니다. 수입도 어느 정도 안정되다 보니 돈을 아낄 이유도, 열심히 일할 이유도 없어져서 삶의 동기가 사라지고 해이해지고 있었어요. 자기 계발 책도 하도 읽다 보니 조금만 읽어도 이전에 읽은 책들과 비슷한 내용을 말하고 있다는 게 느껴졌고 감흥을 잃어가고 있었죠. 그러다 우연히 한 권의 책을 읽게 됐어요. 《나는 오늘도 경제적 자유를 꿈꾼다》라는 책이었습니다. 이것도 다른 자기 계발 책, 성공 에세이와 비슷하겠지, 하며 읽었는데, 정말 오랜만에 가슴이 쿵쿵 뛰는 것을 느꼈습니다.

솔직히 저는 이제 저축을 시작하던 때만큼 노력하지 않아도 된다고 생각하고 있었어요. 적당히 남들만큼 절약하고 쓰면서 하루하루 보내도 된다고 생각했죠. 그런데 이 책 저자는 남들이 보기엔 충분히, 오히려 과할 정도로 많은 것을 이루었음에도 매일 누구보다 일찍 일어나 아무도 쉽게 따라 할 수 없는 일정을 소화하며 최선을 다해 살아가고 있었습니다.

그의 이야기는 저에게 매우 강한 충격으로 다가왔죠. 누가 봐도 경제적 자유를 이룬 상태의 사람도 자신만의 최종 목적지를 향해 달리고 또 달리고 있었던 거예요. 그 이야기를 읽고서는 굉장히 부끄러웠습니다. 아직 최종 목적지가 보이지도 않는데 벌써부터 안심하고, 안정을 느끼는 제가 너무나도 작아 보였죠. 그리고 다시 초심으로 돌아가 목표를 향해 달려야겠다는 생각이 들었습니다.

우선 생활 패턴부터 재배치했어요. 아무 때나 일어나고 아무 때나 일해도 상관없는 삶이었지만, 루틴을 만들었어요. 이때 도움을 준 책이 이젠 모르는 사람을 찾기 어려운 《부자 아빠 가난한 아빠》입니다. 이 책에서 이런 말이 나와요.

"부자들은 세금을 먼저 내지 않아. 필요한 곳에 돈을 쓰고 나머지 돈으로 세금을 내지."

이 말의 뜻은 무엇일까요? 제게 이 말은 장기적으로 중요한 곳에 먼저 시간과 돈을 쓰고 나머지를 그렇지 않은 곳에 쓰라는 의미로 다가왔어요. 우선순위는 아니지만 꼭 써야 하는 돈, 즉 세금 같은 경우는 수입을 늘리거나 투잡을 하는 등 어떻게 해서든 채우게 될 테니까요.

지금 우리는 대부분 장기적으로는 중요하지 않은 것에 먼저 돈을 쓰고 있어요. 세금이나 카드값, 월세 등이죠. 이런 것들을 먼저 처리하기 때문에 진짜 필요한 자기 계발, 투자에 필요한 돈이 없어 도전하지 못하는 상태가 지속돼요. 앞에서 '쓰고 모으기'가 아니라 '모으고 쓰기'처럼 소비 순서를 바꾸면 결과가 달라질 수 있다고 했습니다. 이번 원칙도 비슷해요. 필수적이지만 중요하지 않은 데 먼저 돈을 쓰는 게 아니라 내가 정말 필요하다고 생각하는 것에 먼저 쓰고, 나머지는 어떻게든 채우는 거죠.

저는 이 깨달음을 시간에 적용해 삶에 변화를 줬습니다. 항상 운동도 하고, 책도 읽고, 공부도 하고 싶었지만 일을 하고 나면 너무 피로해 매번 "내일부터"를 외치며 한없이 미루곤 했는데, 딱 순서만 바꿔봤어요. 먼저 운동을 하고 공부를 한 뒤에 일을 했죠.

그랬더니 놀랍게도 매번 못했던 일들을 전부 수행할 수 있더라고요. 심지어 그렇게 피곤하지도 않았어요. 제가 한 것은 딱 하나, 중요한 일을 먼저 한 것뿐이었는데 말이죠. 매일 하고자 했던 일을 전부 하다 보니 자신감은 더욱 커졌고, 일의 능률과 효율도 크게 좋아져 하루하루가 기대되고 만족스러웠습니다. 다음 목표와 동기를 찾지 못해 헤매던 제가 정말 오랜만에 살아 있음을 느꼈습니다.

안정감과 편안함은 삶에서 정말 중요한 요소입니다. 많은 사람이 안정적이고 편안한 삶을 위해 열심히 달리고 있어요. 하지만 안정을 찾는 것과 현재 삶에 안주하는 것은 전혀 다른 문제예요. 안주하게 되면 목표가 흐려지고, 나아갈 방향을 잃습니다. 결국 그 결과가 시간이 흐르면서 드러나기 시작할 거예요. 지금 내가 월급을 받을 수 있는 회사가 영원하지 않다는 것을 알면서도 거기에 안주하고, 저축에 욕심을 부리지 않고 미래에 대한 준비도 하지 않으면 어떻게 될까요?

인터넷에서 남편이 퇴직한 후 월급이 들어오지 않자 감당해야 할 고정 지출이 얼마나 많은지 그제야 알게 됐다는 이야기를 본 적이 있습니다. 남의 일 같지만 사실은 대부분의 사람에게 해당하는 일이라고 생각해요. 한국에서는 치열하게 경쟁해서 좋은 대학에 가고, 좋은 곳에 취업하면 그 이후는 딱히 정해진 것이 없어요. 돈 열심히 모아서 아파트 사고, 결혼하고, 아이 키우다 보면 퇴직이 가까워집니다. 그저 사람들 말대로 열심히 살았을 뿐인데 크게 남은 것도, 준비한 것도 없어 그제야 불안함을 느끼는 사람들이 많습니다.

일하지 않고도 풍족하게 살 수 있는 시스템이 갖춰지지 않았다면 현재 삶에 안주하지 않길 바라요. 쉬지 말라는 이야기는 아닙니다. 하지만 쉽게 만족하지 마세요. 내 일상에서 중요한 부분이지만 가만히 두면 사라지는 자금원을 잘 생각해보고, 혹시 내가 거기에 필요 이상으로 안주하고 있진 않은지 돌아보세요. 그리고 어떻게 하면 그걸 유지할 수 있는지 혹은 더 크게 키울 방법이 없는지 고민하고 또 고민해서 앞으로 나아갔으면 좋겠습니다.

# 통장이 여유로워도
# 여전히 하지 않는 것

어떻게 하다 보니 또래보다 많은 돈을 모으고 또 벌기도 하는 사람이 됐지만 목표했던 1억 원 저축이 끝난 후에도 저의 일상은 크게 달라지지 않았어요. 가능하면 가까운 거리는 걸어 다니고, 보고 싶은 책이 있다면 도서관에 가서 빌리고, 특별한 일이 없다면 집밥을 먹으면서 보내고 있습니다.

사실 매일 외식을 하고 사고 싶은 물건을 사도 특별하게 문제가 되진 않아요. 저축을 하면서 직접 수익을 만들 수 있게 됐고, 원한다면 돈을 더 벌 수도 있으니까요. 하지만 수익을 만들 때 명심해야 할 점이 있습니다. 돈만 좇으면 남는 게 없다는 거예요. 제가 제안받은 돈만큼의 가치를 제공해줄 수 없는 상황인데도 욕심을 부려 무언가를 시작하면 그 결과는 대부분 그리 좋지 않았습니다. 그렇기에 저는 무분별하게 수익을 추구하지 않아요. 그 대신 '일하지 않아도 들어오는 돈'을 만들기 위해 전보다 더 노력하고 있습니다.

저축을 하면서 저는 수많은 정신적 문제도 극복하게 됐습니다. 원래 저는 아이쇼핑을 굉장히 좋아하는 사람이라 필요한 물건이 없더라도 자연스럽게 정기적으로 다이소나 모던하우스같이 신상품을 자주 선보이는 곳에 들러 한 바퀴 둘러보는 것이 취미였습니다. 차라리 보지 않았다면 가지고 싶은 마음조차 들지 않았을 텐데, 직접 물건을 보니 자꾸 가지고 싶고, 겨우 이성적으로 판단해서 그 물건을 사지 않더라도 묘한 실망감과 슬픔을 느꼈습니다. 아이쇼핑이 체력적, 정신적으로 저를 굉장히 소진시킨 거예요.

'사지도 않을 건데 나는 왜 이렇게 열심히 물건을 구경하고 비교한 걸까?'

결국 아이쇼핑을 끊기로 했습니다. 조금 더 생산적이고 건강해지고 싶었거든요.


처음엔 너무 어려웠습니다. 예쁘고 좋은 신상품은 끊임없이 출시되고 그것들을 사두면 언젠가는 쓸 것 같은 생각이 들었거든요. 1,000원은 괜찮지 않을까, 갈등도 많았죠. 하지만 아무리 적은 돈이라도 허투루 쓰지 않으려고 노력했어요. 물건을 사러 갈 땐 장보기 목록을 적어 딱 목록에 있는 물건만 담아서 바로 계산대로 직행하는 연습도 여러 번 반복했습니다. 지금은 길어도 10분 안에는 장 보기를 마치는 것 같아요.

이 장보기 패턴에 적응하기 전에는 물건을 집고 바로 계산하고 나오는 게 너무 어려웠어요. 사지도 않을 물건이지만 계속 구경하고 싶고, 어떤 신상품이 나왔는지 보고 싶어 참을 수가 없었죠. 하지만 이제는 물건을 봐도 사지 않을 것을 알기 때문에 필요한 게 아니라면 관심이 크게 가지 않습니다. 쓸데없이 마트에서 빙빙 돌며 뭐가 필요한지, 뭐가 더 싼지 구경하지 않고, 사고 싶은 새로운 상품을 마음에 담고 나오는 일도 사라졌습니다. 살까 말까 고민하는 시간만 줄여도 세상이 조금 더 뚜렷하게 보이더라고요.

여전히 식재료는 냉장고가 텅 비어야 구매하는 것을 원칙으로 하며, 혼자서는 외식을 잘 하지 않습니다. 그렇지만 목표했던 일을 이뤘거나 칭찬하고 싶은 일이 있다면 좋아하는 음식으로 스스로를 보상하는 것도 빼놓지 않아요. 특별한 경우에만 외식을 하거나 음식을 배달시키기 때문에 그에 대한 만족감도 남들보다 배로 느낄 수 있죠. 이런 생활이 누군가에겐 너무 가혹하게 보일 수도 있지만, 저는 이제야 삶의 균형을 찾았다고 느껴요. 그간 대부분 남들이 하는 것에 맞춰졌던 라이프스타일이 내가 좋아하는 것에 맞춰졌죠.

반대로 내가 어떻게 해서든 살 것 같다는 생각이 드는 물건은 그냥 삽니다. 고민하지도 않아요. 고민해도 결국 살 거라는 사실을 잘 알고 있으니까요. 그리고 가능하면 좋은 물건을 사요. 괜히 '가성비' 제품을 구매하면서 이것저것 비교하고 따지지 않고 처음부터 좋은 걸 사면 그만큼 만족도도 높으니까요.

대신 한번 사면 망가질 때까지 누구보다 잘 씁니다. 처음 태블릿을 살 때 주변에서 '유튜브 머신'으로 쓰게 된다며 말렸는데, 결국 샀고 지금 그 태블릿으로 창출한 가치는 돈으로 따질 수 없이 커요. 상품도 만들고, 강의도 하고, 콘텐츠도 만들면서 태블릿의 값어치 이상으로 가치를 뽑아냈다고 자부합니다. 이렇게 물건의 통상적인 가치 이상으로 쓰자는 생각을 가지고 있기에 어떤 물건이 비싸더라도 나에게 필요하다 느끼면 망설임 없이 구매할 수 있습니다.


제가 말하는 절약 방식이 정석은 아닙니다. 하지만 몇 년 동안 소비를 중심으로 나를 찾아가는 연습을 하면서 저에게 정말 필요한 게 무엇인지 빠르게 판단하게 됐습니다. 소비에 대한 주관만 뚜렷해졌을 뿐인데 살아오면서 나를 힘들게 했던 수많은 고민에서 벗어나 진정한 나로서 존재할 수 있었어요.

누군가가 보기에는 넉넉하지 않은 삶으로 느껴질지 몰라도 저는 지금의 제가 참 마음에 듭니다. 소비 주관이나 삶에 대한 방향이 뚜렷한 것도 좋고, 무엇을 물어봤을 때 좋고 싫음을 확실하게 말할 수 있는 것도 좋습니다. 시작은 누구나 할 수 있는 흔한 저축이었지만, 그 안에서 돈으로 살 수 없는 많은 것을 배우고 느끼고 경험했고, 그 모든 것이 저라는 사람의 색깔을 뚜렷하게 만들어주었습니다.

# 행복과 슬픔이 공존하는
# 저축 생활

저축 생활이 어렵지 않다고는 했지만, 행복하기만 했던 것도 아닙니다. 겉으로는 대체로 문제가 없어 보였지만 속으로는 괜찮지 않았던 적도 많습니다. 가장 흔하게 찾아오는 어려움은 또래 친구들의 생활과 제 생활의 초점 자체가 다르다는 데서 생겨나는 부정적 감정이었어요.

저는 살기 위해 모든 것을 제어하고 참고 있는데 옆에 있는 다른 사람들은 너무 평온하고 행복하게 보였습니다. 마음 내키면 여행을 가고, 음식을 먹고, 술잔을 기울이며 일상의 스트레스를 날릴 수 있다는 게 너무 부러웠죠. 사무치게 힘들고 외로울 때면 소주 한 병, 맥주 한 캔을 사 들고 집에 들어가 라면이나 남은 식재료를 안주 삼아 한잔 마시며 감정을 풀어내는 게 제가 할 수 있는 최선이었습니다. '나는 왜 이렇게까지 아무것도 못하고 사는 걸까?'라는 마음이 한번 비집고 올라오면 잘 내려가지 않아 며칠 동안 멍하게 살거나 의미 없이 일하며 괜찮아지길 무작정 기다린 적도 많았습니다.

그런 마음이 가장 강하게 들었던 때는 저축을 시작하고 6개월쯤 지나서부터였어요. 초반에는 열정도 있고, 돈 모으는 재미도 있으니 힘든 것도 몰랐는데 조금씩 그 생활에 적응하면서 보이지 않던 제 모습이 보이더라고요. 지금도 옷은 잘 사는 편은 아닌데 그때는 특히 깨끗한 옷이면 뭐든 상관없다는 생각으로 몇 벌 되지 않는 옷을 돌려 입고 다녔어요. 옷도 전부 펑퍼짐한 스타일인데 화장도 하지 않고 다니다 보니 어느 날 거울에 비친 제 모습이 정말 20대가 맞나 싶을 정도로 추레하더라고요. 이게 내가 원하던 내면이 단단한 사람이었나 싶은 생각이 들었죠. 그냥 돈 쓰기 싫어하는 구두쇠처럼 보였거든요.

부정적인 감정이 자꾸 치고 올라와 중심을 잡기 어려웠습니다. 저도 결국엔 예쁘게 꾸미고 좋은 곳에 놀러 가고 싶은 20대일 뿐이었기에 어두운 감정에 한번 빠지면 나쁜 음식을 먹고, 나쁜 생활 패턴으로 살아가며 자신을 더 깊은 어둠으로 끌고 가기도 했습니다. 저축을 당장 그만두고 평범한 생활로 돌아가고 싶었죠.

하지만 그럼에도 저는 절대 포기하지 않았어요. 당장은 힘들지라도 이겨내면 결국 웃을 수 있다고 믿으며 꿋꿋이 나아갔습니다. 다행히 시간이 지나면서 저를 부정적으로 만드는 대부분의 것에서 벗어날 수 있었고, 진짜 의미 있는 저축·절약 생활을 찾아가며 자연스럽게 마음이 회복되었습니다. 돈에만 집중하지 않고, 나를 가꾸기 시작했어요. 회사에서 점심을 먹은 뒤엔 햇빛을 쬐면서 산책을 하고 자기 계발과 재테크 영상을 통해 끊임없이 좋은 말을 머릿속에 집어넣었습니다. 퇴근 후엔 강아지를 산책시키고 책을 보거나 영상을 만들면서 내가 아주 잘하고 있다고, 누구보다 정말 열심히 살고 있다고 응원도 했죠.

퇴사를 한 뒤에도 저축 생활은 이어졌습니다. 대체로 만족스러웠지만, 회사에 다닐 때와는 다른 불안감에 휩싸여 제대로 먹지도, 자지도 못하면서 일하다 보니 왜 이렇게 열심히 살아야 하는지 또다시 의문이 들더라고요. 미래가 보장되지도 않고 많이 벌지도 못하는데 쉬지 않고 일하며 하루하루를 보내는 내가 너무 불쌍하다는 생각이 파도처럼 밀려왔습니다.

이제 출근해야 할 곳도 없었기에 침대에서 일어나지 않았어요. 그냥 이대로 영원히 침대에 누워 있으면 좋겠다는 마음이 가득해 오후가 될 때까지 한 발자국도 내딛지 못했죠. 회사에 다닐 때부터 그렇게 악착같이 지켰던 일주일에 1회 영상 업로드도 이따금 건너뛰었습니다. 마음이 너무 괴로운데 무언가 사고, 먹는 걸로는 해결되지 않으니 도대체 어떻게 해야 할지 몰랐어요.

　게다가 슬프게도 마침 하는 것마다 다 잘되지 않았기에 이제 여기서 끝인가 하는 생각도 심심치 않게 들었어요. 항상 우울했고, 통장에 쌓여 있는 잔고를 봐도 기쁘지 않았습니다. 말수도 줄어들고, 한 번이라도 웃는 날보다 우는 날이 더 많아졌습니다. 정신적으로 많은 스트레스를 받았고 주변의 기대에 상응하지 못하는 결과물 때문에 더 위축되고 세상과 멀어지고 싶었어요. 그나마 강아지들 때문에 하루에 한 번은 밖으로 나가 10분 이상 걸었기에 이 시기를 버틸 수 있었습니다.

　저축을 하면 이점이 많지만 단점도 분명히 존재합니다. 단점을 극복하는 일은 매우 어렵지만 이 어려움을 이겨내야 합니다. 저는 집착을 버리면서 조금씩 나아졌습니다. 뭐든지 좋은 결과를 내야 하고, 남들보다 앞서가야 하고, 똑똑해야 한다는 마음을 내려놓았더니 편안해졌어요. 고정 수입이 없더라도 어떻게 해서든 목표 저축액을 채워야 한다는 강박에 감당하지 못할 만큼 많은 일을 받곤 했는데, 이제는 목표 금액을 채우지 못할 것 같더라도 내 마음이 힘들 것 같으면 억지로 일을 더 하지 않습니다. 일과 저축 모두 더 행복하고 재밌게 살기 위해 하는 일인데 꼭 해야 하는 것처럼 여기면 점점 더 마음이 멀어질 것 같더라고요. 그렇게 몸과 마음을 조절하다 보니 이젠 지치더라도 불안하지 않습니다.

저축을 하다 보면 처음에는 숫자에 강박적으로 집착할 수 있어요. 그 집착이 나에게 도움이 될 수도 있고요. 하지만 제가 저축을 하면서 느낀 점은 어떨 때는 빠르게 달리는 게 중요하고 어떨 때는 잠깐 쉬거나 공부를 하며 자신에게 여유를 주는 게 중요하다는 것입니다. 요즘따라 유독 지치고, 목표에 집중하지 못한다면 나의 우선순위가 바뀌었다는 신호일 수 있습니다. 자신에게 지금 중요한 것을 살펴보고 삶에 변화를 주세요. 몸과 마음 모두 건강해야 끝까지 잘 달릴 수 있습니다.

# 모으기에서
# 불리기로

끝날 것 같지 않던 최소 종잣돈 모으기가 끝났고, 정신적, 신체적으로 안정기를 맞이하면서 고난 많던 절약 생활도 끝이 났습니다. 인생의 목표를 달성한 것 같은 기분에 쉬거나 멈추고 싶은 마음도 없진 않습니다. 하지만 열심히 일하고 휴가를 다녀온 뒤 다시 마음을 다잡고 일하기가 어려운 것처럼, 지금 멈추면 다시 시작할 때까지 꽤 오랜 시간이 필요할 것 같아 멈추지 않고 있습니다. 잠깐 앉아서 쉬었다 가더라도 누워서 쉬지는 않으려고요.

지금까지 열심히 기반을 만들었으니 이젠 모으기가 아닌 불리기에 집중할 때가 온 것 같아요. 저의 다음 목표는 일하지 않아도 버는 돈인 패시브 인컴을 최대 300만 원까지 늘려

보는 거예요. 약 3년이란 시간 동안 나름대로 패시브 인컴을 만들고 늘리는 데 많은 시간을 투자했고, 패시브 인컴 수익이 조금씩 늘고는 있지만 여전히 부족합니다. 수동적인 일을 계속하지 않으면 생활이 어려울 정도죠. 이전까지는 종잣돈을 모은다는 큰 목표가 있었기에 가장 중요한 목표 저축액만 달성했다면 얼마를 벌었든 크게 상관하지 않았습니다. 하지만 이제는 달라요. 지금부터 가장 중요한 목표는 자면서도, 일하지 않고도 벌어들이는 소득을 최대한 많이, 안정적으로 늘리는 것입니다.

패시브 인컴, 불로소득이라는 것이 조기 은퇴를 꿈꾸는 사람에게만 필요한 건 아니에요. 자면서도 들어오는 수입을 계속 키울 수 있다면 내가 하고 싶지 않은 일에서 벗어나게 해주는 방패가 될 수 있습니다. 어떤 일을 시작하든 자면서도 돈을 벌 수 있는 일인가에 초점을 맞춰보세요. 항상 수동으로 해오던 일을 어떻게 하면 최소 시간으로 최대의 결과를 만들 수 있을지 고민해봐도 괜찮습니다.

저도 지금까지 수동 소득이 압도적으로 많았어요. 하지만 이제 다시 마음을 새롭게 다잡고 자동 소득에 초점을 맞춰보려 해요. 아주 작은 것이라도 좋으니 처음 절약을 시작했던 때의 초심으로 돌아가 다시 시작할 거예요. 당장 할 수 있는 패시브 인컴은 블로그, 유튜브, 전자책, 온라인 강의, 책, 전자상품 판매, 월세, 배당금 등을 예로 들 수 있겠네요. 이번엔 목표까지 얼마나 걸릴까요?

저는 이런 목표를 정하고 달성하는 과정이 참 두근거리고 재밌게 느껴집니다. 마치 게임 퀘스트같이 느껴진달까요? '누구와 새로운 관계를 맺을까?' '어떤 경험치와 보상을 얻게 될까?' 이런 생각을 하면 매우 설렙니다. 지금 목표로 설정한 300만 원의 패시브 인컴을 만든다 하더라도 겨우겨우 최종 목표까지 한 발 더 걸었을 뿐이죠. 물론 이 과정 중에도 지치고 포기하고 그만두고 싶어질 때가 있겠죠. 하지만 잠깐 주저앉더라도 다시 일어날 힘만 얻을 수 있다면 괜찮습니다. 남들이 어떻게, 얼마나 빨리 달리는가에 신경 쓰지 않고, 내가 온전히 건강한 마음으로 끝까지 달릴 수 있다면 그걸로 충분합니다. 내가 진정으로 행복하고 싶다는 마음에서 시작한 저축이니까요.

남들의 시선, 세상의 시선을 신경 쓰고 있나요? 누군가에게 인정받고, 잘 사는 것처럼 보이고 싶어서 애써 노력했다면 그런 노력은 전부 미뤄두고 나는 어떤 인생을 살고 싶은지 생각해보세요. 유치원에 다닐 때부터 어른이 될 때까지 공부, 성적, 학력, 직업, 연봉, 가정의 평범함을 강요받으면서 더 빠르게 달리는 것도, 느리게 달리는 것도 눈치 보며 살아오지 않았나요? 끝나지 않는 레이스에서 탈출하세요. 누군가 닦아둔 길은 보이지 않을지라도 내가 가고 싶은 대로 탐험하며 만족스럽고 후회하지 않는 인생을 살 수 있을 거예요. 저도 그 레이스에서 벗어났습니다. 정해진 길을 벗어나면 큰일 날 줄 알았고, 후회할 줄 알았지만 레이스 밖 세상이 너무 재밌어서 더 일찍 벗어나지 않은 걸 후회했습니다.

평범한 저축이 아주 짧은 시간에 제 인생을 완전히 뒤바꿔 놓았어요. 여러분의 인생도 그러지 않으리라는 법이 있나요? 사람들이 말리는 일이 있는데 나는 그 일을 생각만 해도 설레고 좋다면 시작해보세요. 후회하지 않는 방법은 후회하지 않을 만큼 진심과 최선을 다하는 것뿐입니다.

# 책 '제대로' 읽기

저축을 하는 과정에서 가장 크게 인생을 바꾼 것을 뽑자면 단연 독서입니다. 지금까지 읽은 책 중에서 가치관이나 마음가짐을 바꾸게 도와준 책 목록을 공개해요. 이 책들은 시간이 어느 정도 지났을 때 다시 한번 읽는 것도 추천합니다. 내가 처한 상황에 따라 책에서 말하는 내용이 다르게 다가오며 해답을 가져다줄 때도 있으니까요.

**주식, 부동산**
- 내 집 없는 부자는 없다
- 경매 권리분석 이렇게 쉬웠어?
- 경매하는 직장인
- 서른 살 청년백수 부동산경매로 50억 벌다
- 소수몽키의 한 권으로 끝내는 미국주식
- 송사무장의 부동산 경매의 기술
- 운명을 바꾸는 부동산 투자 수업
- 주식 공부 5일 완성

**패시브 인컴, 마케팅, 사업**
- 필독 데일 카네기의 인간관계론
- 필독 창업가의 생각노트
- 꿈과 돈
- 파리에서 도시락을 파는 여자
- 커뮤니티는 어떻게 브랜드의 무기가 되는가
- Z세대 트렌드 2024

- **필독** 나는 오늘도 경제적 자유를 꿈꾼다
- **필독** 부의 추월차선
- **필독** 엑시트
- 김경필의 오늘은 짠테크 내일은 플렉스
- 내 통장 구제하기 프로젝트
- 세금내는 아이들
- 소비단식일기
- 백만장자 시크릿
- 부자 마인드셋
- 부자 아빠 가난한 아빠
- 세이노의 가르침

- **필독** 나는 4시간만 일한다
- **필독** 타이탄의 도구들
- 나의 하루는 4시 30분에 시작된다
- 내가 내 집에 살고 싶을 뿐이야
- 단순함이 너의 모든 것을 바꾼다
- 럭키 드로우
- 원씽

그런데 이런 책을 많이 읽으면 양에 비례해 똑똑하고 지혜로워질 것 같지만, 사실 1권이라도 제대로 읽지 않으면 독서량은 의미가 없습니다. 남들보다 책을 많이 읽은 것 같은데도 변화를 느끼지 못한다면 혹시 읽는 방법이 잘못된 건 아닐까 살펴보세요.

### 1. 밑줄과 메모, 그리고 질문하기

처음 책을 읽을 땐 가볍게 훑어보며 마음을 움직이는 문장에 밑줄을 긋거나 인덱스를 붙여 표시해보세요. 개인적으로는 인덱스를 자주 사용합니다. 전자책이라면 밑줄 기능이 있습니다. 질문이나 나의 생각도 메모로 남겨보세요. 책을 다 읽은 뒤에서야 이런 중요한 내용을 찾으려면 쉽게 찾을 수 없고 시간만 쓸 수 있습니다.

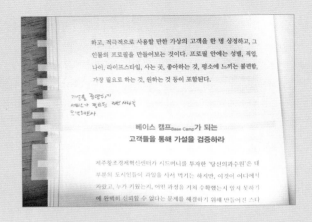

1회독에서 남긴 밑줄, 메모, 질문만 잘 정리해도 책을 이해하고 정리하는 데 큰 도움이 될 거예요.

## 2. 다시 읽으며 내용 정리하기

밑줄 친 부분과 메모를 정리해주세요. 직접 필사해도 좋고, 메모장, 블로그, 노션 같은 프로그램을 사용해서 정리해도 됩니다. 저는 주로 노션을 통해 책마다 내용을 정리하고 책에 대해 생각할 부분을 추려냅니다. 이렇게 정리해두면 다시 책을 읽지 않더라도 읽을 때 느꼈던 감정이나 생각이 떠오르기 때문에 책에서 아웃풋을 만들어내기 좋아요.

나에게 어떤 것을 적용할지, 무엇을 깊게 생각해봐야 할지, 어떤 점을 바꾸어야 할지 스스로 고민하고 고칠 수 있기 때문에 독서의 질도 굉장히 높아집니다.

### 3. 질문에 답변하기

질문지를 잘 정리했다면 이젠 스스로 답변해야 합니다. 저는 이때 실제로 책을 통해 성장한다고 느껴요. 책을 읽을 때는 그렇구나 하고 넘겼던 부분을 다시 보며 나에게 어떻게 적용할 수 있을지 곰곰이 생각하다 보면 전혀 발견하지 못했던 문제를 발견하거나 생각의 전환을 하고 어떻게 바꿔야 할지까지 직접 답을 내리게 됩니다. 책을 통해 지금까지 배울 수 없었던 것을 처음 경험하게 됐을 때의 기분은 정말 짜릿합니다.

### 4. 실행하기

책을 읽고, 생각하고, 답변까지 했다면 나의 마음가짐이나 생각, 가치관이 달라진 걸 느낄 수 있을 거예요. 하지만 이 모든 과정에서 가장 중요한 건 실천하고 행동하는 것입니다. 아주 작은 것이라도 좋으니 책을 읽은 후 새롭게 시도하고 싶은 것이 생겼다면 실행해보세요. '고민보다 Go'가 필요할 때는 바로 지금입니다.

# 내 집 마련의
# 모든 것

돈을 모으는 사람 중 대다수는 내 집 마련을 꿈꾸고 있겠죠? 돈만 있으면 집을 뚝딱 살 수 있을 것 같지만 생각보다 복잡한 게 집 구매입니다. 일반 매매, 청약, 경매 등 다양한 루트가 있으며 내가 어떤 선택을 하느냐에 따라 같은 집도 더 좋은 가격에 매매할 수 있죠.

### 1. 일반 매매/급매

가장 쉽고 안전하게 집을 매매하는 방법입니다. 여러 부동산을 방문해서 집을 보고 괜찮은 가격이라고 생각되면 매매하면 됩니다. 급한 상황이 아니라면 급매가에 매물이 나오기를 기다리는 게 좋아요. 해당 집에 거주할 의무가 없는 대출 상품을 이용한다면 몇 년간 전세를 놓은 뒤 직접 입주할 생각으로 집을 구하는 것도 좋은 방법입니다. 2년 뒤에 결혼할 생각이 있으면 신혼집을 미리 저렴하게 매매한 뒤 전세를 놓으면 이후에 부동산 흐름에 따라 시세 차익도 볼 수 있죠.

집을 판단할 수 있는 쉬운 기준을 하나 말하자면 '어린아이의 입장에서 살기 좋은 곳인가'입니다. 보통 아파트를 볼 때 초등학교가 근처에 있는지,

역이 가까운지 등을 보는데 결국 '아이 입장에서 이곳이 안전하게 살기 좋은가'라는 기준으로 모입니다. 아이 입장에서 부동산을 바라보면 조금 더 다른 시선으로 좋은 집을 보게 될 수 있으니 중개인이나 집주인 말만 믿지 말고 직접 부동산 주변을 걷고 보며 판단하면 좋을 것 같아요.

### 2. 청약

결혼하고 아이를 가질 생각이 있고 내 집에 직접 살고 싶다면 청약도 괜찮습니다. 1인 가구도 청약 당첨 가능성이 없는 건 아니지만 평수에 제한이 있거나 당첨의 문이 좁은 편이라 그렇게 유용한 선택지는 아니라고 생각합니다. 청약은 청약 통장이 필수이기 때문에 나이가 조금이라도 어릴 때 빨리 만들어두는 게 좋아요. 경쟁률이 워낙 높아 1순위 조건은 필수로 챙겨두고 가산점을 받아 당첨 확률을 높이는 경우가 흔합니다. 월 최대 인정 금액인 25만 원씩(2024년 11월부터 10만 원에서 25만 원으로 상향됐습니다) 정기적으로 입금하면 기본 조건은 챙길 수 있어요. 개인적인 이유나 부담으로 더 적게 넣을 수밖에 없다면 차라리 미납하고 이후 미납 횟수만큼 최대 인정 금액을 채우는 게 좋을 수 있습니다. 물론 이에 대한 페널티는 존재합니다.

청약은 국민주택과 민영주택으로 나뉘는데 민영주택만 청약할 생각이라면 회당 2만 원만 넣어도 괜찮습니다. 하지만 내 상황이 어떻게 변할지 모르기 때문에 가능하면 최대 인정 금액을 넣어서 모든 기회를 열어두는 게 좋겠죠. 청약도 공부할수록 더 많은 기회가 보입니다. 청약을 염두에 두고 있다면 꼭 책, 강의, 모임을 통해 나에게 가장 유리한 방법을 찾아보세요.

## 3. 경매

가진 돈도 적은 편이고, 시세 차익을 얻고 임대할 목적으로 집을 구한다면 경매를 추천합니다. 경매는 최소 2,000만 원 정도만 있더라도 매매할 수 있는 물건이 있을 정도로 일반적인 부동산에 비해 낮은 자본금으로도 도전할 수 있습니다. '경락잔금대출'이라는 경매 전용 대출도 잘 나오는 편이기에 안정적인 직장에 다니고 있다면 경매가의 30% 정도만 현금으로 가지고 있어도 경매를 시작할 수 있습니다. 낙찰 이후에 세입자에게 보증금까지 받는다면 실제 투자금은 거의 없을 수도 있어요.

다만 경매라는 게 어떤 이유로 집을 강제로 처분하는 것이기 때문에 상황에 따라 집주인 또는 세입자의 태도가 좋지 않을 수 있습니다. 일반 매매처럼 집 내부를 쉽게 볼 수 없고, 권리 분석에 따라 낙찰 후에 생각지도 못한 세입자의 보증금을 마련하거나 임대를 위해 세입자가 이사하도록 설득하는 등 해결해야 할 다양한 문제가 있기에 진입 장벽이 그리 낮진 않습니다. 하지만 잘 준비하고 배운다면 낮은 투자금으로 임대 수익, 시세 차익을 만들 수 있는 방법입니다. 경매도 공부하자면 끝이 없지만 권리 분석에 문제가 없는 물건이라면 급매가와 비교했을 때 경매가가 더 저렴한지 판단해보세요. 가격이 오를 매물을 사는 것도 중요하지만 애초에 싸게 사서 가격이 떨어져도 잃을 돈이 없게 하는 게 안전한 방법입니다.


부동산을 시작하기 위해선 지속적인 준비가 필요해요. 책도 읽고, 강의도 들어보고, 임장도 하면서 조금씩 부동산을 보는 눈을 키울 필요가 있습니다. 이 기간은 최소 6개월 정도 잡으시면 좋아요. 저축을 하면서 종잣돈이 어느 정도 모였을 때부터 조금씩 공부를 시작해보는 것도 좋죠. 처음에는 단순히 좋아 보이거나 저렴한 집만 보게 되는데 점차 그 집이 주변 집보다 비싸거나 저렴한 원인을 찾고 이 정보를 다른 부동산에도 적용할 수 있어요.

가장 빠르게 시작할 수 있는 부동산 공부는 '내가 지금 살고 있는 동네 둘러보기'입니다. 산책을 하면서 우리 동네에서 가장 비싸고 인기 있는 부동산은 무엇인지, 그 주변은 어떤지 파악해보세요. 한두 번 해보면 우리 동네 부동산의 시세나 조건을 자연스럽게 알 수 있고 그 부동산이 급매가나 경매로 나왔을 때 싼지 비싼지 바로 파악할 수 있습니다. 미리 받을 수 있는 대출이나 금리를 알아두고 자금 마련책을 준비한다면 내 집 마련 시기를 더 빠르게 단축할 수 있겠죠?

# 미래를 위한
# 퍼스널 브랜딩

아무 생각 없이 올린 글 하나, 사진 하나가 나의 가치를 높여줄 수 있는 세상이에요. 자기 브랜딩 하나만 잘하면 회사가 없어도, 직장이 없어도, 직업이 없어도 너무나 아무렇지 않게 잘 살 수 있는 세상이 왔으니까요. 제가 월급 외 추가적인 돈을 버는 방법으로 아르바이트나 투잡을 선택하지 않은 이유를 기억하시나요? 단순 노동, 즉 시간을 돈으로 바꾸는 행동은 그 행동을 그만두면 그 누구도 더 이상 돈을 주지 않기 때문이었습니다. 장기적 관점에서 어떤 방법이 더 나를 편하게 해주는 일꾼인지 생각해봐야 해요.

단순노동의 장점도 있습니다. 내게 특별한 능력이나 가치가 없더라도 반드시 일한 만큼 돈을 번다는 것이죠. 하지만 같은 1시간을 일하더라도 최저임금을 받는 사람, 10만 원을 받는 사람이 나뉘고, 일하지 않고도 100만 원을 버는 사람이 존재합니다. 이들의 차이점을 알고, 나는 어떻게 일하지 않고도 돈을 버는 사람이 될 수 있을지 생각해야 해요. 사업이나 경영, 투자를 그 수단으로 들 수 있겠지만, 저는 '퍼스널 브랜딩'이 가장 적합하다고 생각합니다.

요즘엔 인터넷으로 안 되는 게 없습니다. 현실에서 하는 것보다 아주 저렴한 비용(대부분 0원)에 시작할 수 있는 것도 많습니다. 그리고 일꾼 하나만 잘 만들어두면 생각지도 못한 기회를 수도 없이 만날 수 있는 통로가 되기도 하죠. 저도 원래 너무나 평범한 직장인이었어요. 단지 돈을 남들보다 더 좋아할 뿐이었죠. 그래서 이런 모습을 숨기지 않고 인터넷에 공개했더니 아주 짧은 시간에 평생 꿈꿨던 자유로운 삶을 살 수 있었습니다.

다른 것보다 퍼스널 브랜딩을 추천하는 이유는 크게 4가지로 나눠볼 수 있을 것 같아요. 일단 초기 자본금이 거의 없고, 24시간 일할 수 있는 일꾼을 무한 생산 가능하며, 내가 만든 것이 계속 남아 새로운 기회를 주고, 자아실현까지 할 수 있기 때문입니다. 이렇게 여러분이 단순히 많은 돈만 원하는 게 아니라면 자아실현에 자유까지 얻을 수 있는 퍼스널 브랜딩을 시작했으면 좋겠습니다.

### 어떤 플랫폼에서 시작할까?

유튜브, 블로그, 인스타그램. 가장 잘 알고 있는 이 3가지 플랫폼 모두 레드 오션이며, 성공하기 어렵다는 인식이 오래전부터 있었습니다. 하지만 그럼에도 계속해서 신인 크리에이터는 샛별처럼 자꾸 등장하지 않나요? 크리에이터가 많다는 건 그만큼 성공하기 어렵다는 뜻도 되지만 그만큼 이용자가 많기 때문에 나를 많은 사람에게 쉽게 보여줄 수 있다는 뜻이기도 해요.

굳이 100만 구독자를 확보한 유튜버가 되겠다는 큰 꿈을 가질 필요 없습니다. 정말 인터넷을 잘 이용한다면 몇천 명대의 구독자만으로도 큰 수익을 만들고 다양한 기회를 얻을 수 있으니까요. 저도 구독자는 많지 않습니다. 유튜브는 구독자 2만, 인스타그램은 구독자 4만 정도 되는 작은 채널이죠. 하지만 레드 오션의 장점을 최대한 이용해서 저를 브랜딩하고 사람들에게 알리고, 제 능력과 재능, 상품을 계속해서 보여줬더니 콘텐츠 제작이 본업이 된 지 약 2년 가까이 되는 지금까지도 항상 만족할 만큼, 부족하지 않을 만큼 수익을 올릴 수 있었습니다. 아주 작아 보이는 채널에서도 이 정도의 가치를 스스로 만들어 낼 수 있는 힘이 바로 퍼스널 브랜딩이라고 생각합니다.

처음에는 성과가 나지 않아요. 하지만 시간이 지나면 자연스럽게 제작 실력이나 전달력, 콘텐츠 개수가 늘어납니다. 어떤 일이든 반복하면 익숙해지기 마련이잖아요? 브랜딩도 똑같아요. 처음에는 아무 가능성도 보이지 않지만, 내가 분명한 목표와 목적을 가지고 계속 브랜딩하다 보면 결국 사람들이 그걸 알아주는 때가 찾아오기 마련이에요. 많은 사람이 SNS 채널 운영에 대해 너무 쉽게 생각하고, 빠른 결과를 원하기 때문에 거기까지 도달하는 사람이 거의 없을 뿐입니다.


가장 먼저 퍼스널 브랜딩을 할 수 있는 플랫폼은 네이버 블로그입니다. 글과 사진으로 구성된 콘텐츠는 특별한 기술 없이 작성할 수 있기에 진입 장벽이 낮아요. 스마트폰으로 바쁜 직장인도 쉽게 시작할 수 있다는 것이 장점입니다. 하지만 영향력이 크진 않아요. 얼굴을 밝히는 경우가 많지 않고, 검색을 통해 필요할 때만 블로그 글을 보고 나가는 사람들이 많기 때문에 우리가 생각하는 인플루언서의 영역까지 도달하기 어렵습니다. 그래서 블로그는 일상이나 홍보용으로 활용하는 걸 추천해요. 영상이나 다른 곳에서 담을 수 없는 조금 더 자세한 이야기를 담는 용도라고 생각하면 좋을 것 같습니다.

유튜브도 추천합니다. 대신 하나의 주제를 아주 세밀하게 제시하는 게 좋습니다. 크리에이터가 상대적으로 적었던 때는 '먹방'이라는 카테고리 하나로도 성장할 수 있었지만, 지금은 '치킨만 먹는 먹방', '떡볶이만 먹는 먹방', '해산물만 먹는 먹방' 등이 훨씬 빠르게 구독자를 늘리기 좋습니다. 내가 운영하려고 하는 주제에 다른 사람들도 관심이 있는지 탐색해보고, 나는 어떤 차별점을 어떻게 보여줄 수 있는지 생각하면서 시작해보세요.

인스타그램은 블로그와 유튜브의 중간이라고 생각하면 좋습니다. 시작은 쉬운 편이지만 경쟁이 매우 치열하기 때문에 운영 전략이나 방법이 매우 중요합니다. 라이브, 쇼핑, 광고 등 나를 알릴 수 있는 방법을 많이 제공하기 때문에 유행이나 이슈에 민감하고 사람들과 소통하는 것을 좋아한다면 인스타그램이 잘 맞을 거예요.

한 가지 채널 운영에 여유가 생겼다면 다른 플랫폼으로 채널을 확장해 '나'라는 사람을 알리는 데 집중해보세요. 저는 유튜브, 인스타그램, 블로그를 가장 중점적으로 운영하는데 같은 주제의 콘텐츠를 전달 매체만 다르게 바꿔 제작하는 식으로 기획이나 제작 시간을 줄이고 있습니다.

내 채널의 영향력이 생기고 브랜딩이 되면서부터는 플랫폼의 도움 없이 스스로 사람들을 모으고 수익을 만들 수 있는 기반이 마련됩니다. 그때가 찾아왔다면 직접 무언가를 만들어서 판매하거나 보여주세요. 상품, 모임, 유료 콘텐츠 등 가능한 한 다양하게요. 대신 돈이 목적이어선 안 됩니다. 사람들은 이 상품이 자신의 어려움을 해결하기 위해 만든 상품인지, 판매자가 돈을 벌기 위한 상품인지 금방 눈치챕니다. 이렇게 딱 한 번만 결과를 만들어보세요. 그 경험이 내가 앞으로 돈을 어떻게 생각해야 하는지, 어떻게 벌어야 하는지, 무엇이 중요한지 알게 하고 나의 미래를 결정합니다.

자기 브랜딩을 할 때는 항상 장기적인 관점으로 보고 시작하길 바랍니다. 저의 경우 인스타그램에서 만화 그리는 방법을 알려주고 싶어 가볍게 시작한 원데이 클래스를 1년 정도 지속했더니 여러 단체에서 강연 요청이 오고, 강연을 하니 그게 수입을 만들면서 신뢰와 경력이 쌓였어요. 또 제 저축 이야기를 들려주고 싶어 썼던 글 몇 개로 이렇게 책을 출판할 기회까지 얻을 수 있었죠. 어디서 어떤 기회가 어떻게 올지 몰라요. 내가 계속 바른 방향으로 나아간다면 언젠가는 나를 알아줄 기회와 사람들이 찾아오기 마련입니다. 그러니 누구나 지금 당장 시작할 수 있는 퍼스널 브랜딩으로 수많은 기회를 잡았으면 좋겠습니다.

# 투자하기 전 체크리스트

저축과 재테크는 빼놓을 수 없는 단짝 친구 같은 존재인데, 잘못된 재테크에 빠져 무리하게 투자하거나 거기에 온 신경을 쏟으면서 정말 중요한 일은 놓아버리는 친구들을 많이 봤습니다. 아무것도 모르는 상태에서 투자를 시작하는 것만큼 바보 같은 일도 없습니다.

## 투자 전 점검 사항

1. 투자하려는 종목에 관련된 책을 읽어본 적이 있는가?

2. 온·오프라인 강의를 들어본 적이 있는가?

3. 투자하는 기업이나 항목을 분석할 줄 아는가?

4. 투자하려 한다면 왜 지금 거기에 투자해야 하는지 설명할 수 있는가?

5. 지인이나 가족이 추천했다는 이유로 투자하는 것은 아닌가?

6. 목표 수익률은 몇 %인가? 언제, 어떤 상황에서 매도할 예정인가?

7. 투자하는 돈의 몇 %까지 잃어도 괜찮은가?

위 질문에 명확하게 답변하지 못한다면 투자하지 않는 편이 좋습니다. 주변 제 또래 직장인들을 보면 주식 또는 코인에 정말 많이 투자하는데, 놀랍게도 그중 책을 보거나 공부해서 투자하는 사람의 비율은 너무나도 낮습니다. 실제로 사람들이 쉽게 투자하는 대기업이나 유명한 기업을 분석하면 기업 가치에 비해 주가가 높은 경우가 생각보다 많습니다. 그럼에도 언젠간 오르겠지, 기대하며 열심히 번 돈을 투자하곤 하죠. 딱 하나만 봐도 투자해도 괜찮은지 아닌지 판단할 수 있는데, 그것을 몰라 돈을 날린 걸 생각하면 저도 참 가슴이 아픕니다. 어쨌든 그 과정을 겪은 뒤 저의 투자 성향을 파악하면서 계속 투자한 결과 현재는 30% 정도의 수익률을 내고 있습니다(장기 투자이기 때문에 1년에 약 10~15% 정도). 스스로 정한 투자의 원칙을 잘 지켰기에 이런 수익도 만들 수 있었다고 생각합니다.

### 1. 기초 공부하기

"성공하는 법은 배울 수 있다. 어떤 성공을 원하든 다 배울 수 있다."

《백만장자 시크릿》에 나오는 말입니다. 투자를 하겠다 마음먹었다면 묻지도 따지지도 말고 기본서를 읽고 강의를 들어야 합니다. 책을 어느 정도 읽었다면 노하우를 요약한 전자책을 구매하는 것도 방법이죠. 이 노력조차 하지 않고 수익만 내고 싶다면 차라리 예·적금에 돈을 넣어두는 게 가장 안전합니다. 스스로 공부할 의지가 있는지부터 확인해보세요.

### 2. 장기인가, 단기인가? 투자 성향 분석하기

투자는 단기 투자, 장기 투자로 나눌 수 있는데, 초보자라면 장기 투자가 더 안전합니다. 처음 주식 투자를 시작하면 하루에도 몇 번씩 100원이라도 떨어졌나 올라갔나 스마트폰을 보게 되고, 큰돈을 넣은 것도 아닌데 내 돈을 잃을까 모든 관심이 거기에 쏠려 다른 일에 집중하기 어려워요. 이 단계를 지나면 확인하는 횟수가 적어지긴 하지만 여전히 주식을 언제 팔아야 할지 몰라 무작정 가지고 있거나 너무 빨리 매도해버리기도 하죠.

단기 투자는 초 단위로 달라지는 주가에 언제가 가장 높은 금액인지도 모르는 시점에서 자신이 생각한 주가에 적절하게 팔고 나와야 하는, 많은 공부와 집중력을 요하는 방법이에요. 그렇기에 초보자의 경우에는 초심자의 운이 아니라면 수익을 내기 어렵습니다. 단기 투자할 생각으로 들어갔다가 생각보다 주가가 너무 많이 떨어져서 강제로 장기 투자로 가는 경우도 적지 않죠. 장기 투자는 조금 더 심적으로 안정감이 큰 방법입니다. 지금이 아니라 미래에 크게 될 기업을 찾고 저렴한 가격에 매수를 하기 때문에 기업 분석 하는 방법이나 차트 보는 법, 기업에 대한 이슈, 배당금 등을 조금 더 여유 있게 장기적인 관점에서 알아보고 투자할 수 있습니다.

저의 경우에는 수익 실현이 확실한 공모주를 제외하면 단기 투자는 하지 않습니다. 주식을 현재가 아닌 나이가 들었을 때 나를 윤택하게 해줄 자산으로 보고 장기적 관점에서 철저하게 분석하고 살펴 절대 사라지지 않을 독보적인 기업에 꾸준하게 투자하고 있어요. 기업 하나에 투자하기가 두렵다면 여러 기업에 한 번에 투자할 수 있는 ETFExchange Traded Fund를 추천합니다.

### 3. 종목 탐색, 분석하기

종목 탐색이나 분석하는 방법에 대해서 기초적으로 알고 있다면 특정 종목이나 기업을 언급하는 전문가의 의견을 최대한 많이 듣고 살펴보세요. 그리고 그들이 그렇게 말하는 이유를 정리하다 보면 공통적인 내용을 발견할 수 있을 겁니다. 이걸 잡아내는 게 중요해요. 저는 이렇게 발견한 내용은 대체로 맞다고 생각하고 투자할 때 참고하고 있어요. 이 방법은 투자 종목을 탐색하거나 발견했을 때, 투자를 할지 말지 고민될 때 이용하세요. 전문가의 말이 전부 맞지는 않지만 그 속에서 진짜를 가려낼 힘이 있다면 투자 난도는 점점 낮아지겠죠?

### 4. 매도 목표 정하기

왜 우리는 항상 '아, 이때 팔았어야 했는데…' 하면서 후회하는 걸까요? 바로 수익에 대한 실현(매도) 시점을 정하지 않았기 때문입니다. 같은 돈으로 더 많은 수익을 얻을 수 있는데 왜 굳이 팔아야 하는지 스스로 이해하지 못하기 때문에 좋은 수익 실현 타이밍이 와도 계속 주식을 보유하고 있다가 점점 떨어지는 주가에 마음이 흔들리죠. 보유했던 주식을 팔고 그 돈이 통장 잔고에 반영돼야 수익이라고 할 수 있습니다. 주식을 계속 보유하고 있으면 아직 실현하지 않은 돈이죠. 내 돈이 아니란 뜻입니다.

어떤 기업, 종목에 투자하겠다는 마음을 먹었다면 그 수익을 실현할 시기, 타이밍, 수익률, 추가 투자 시점 등을 미리 계획하는 게 좋아요. 그래야 내가 정한 특정 시점이 왔을 때, 미련 없이 만족하고 매도해 수익을 실현하거나 잃더라도 조금 잃을 수 있으니까요.

투자가 항상 수익을 동반하지는 않습니다. 수익률을 생각하는 것도 좋지만 그 반대로 내가 투자한 돈을 얼마까지 잃어도 괜찮을지 생각해보세요. 저는 항상 전부 잃어도 괜찮은 돈만 투자하고 있습니다. 생존에 필요한 돈은 절대 투자하지 않죠. 한 방을 노리며 과한 돈을 투자하면 마음이 조급하고 불안할 수밖에 없어요. 조금씩 천천히 나만의 투자 데이터를 쌓아가며 확신이 생겼을 때 높은 수익에 도전하길 바랍니다.

지금의 저는 직접 선별한 여러 기업에 장기적으로 투자하고 있습니다. 필요하지 않으면 깊이 살펴보지 않는다는 뜻도 되겠네요. 하지만 투자할 기업을 분석할 땐 정말 꼼꼼하게 모든 것을 잘 살펴보고 결정했습니다. 매일 여러 기업을 분석하고 투자를 할지 말지, 언제 할지, 언제 매도할지 꾸준히 연구하며 기업 분석이 자연스러워질 때까지 손으로 적어 내려갔습니다. 그제야 우리가 쉽게 사던 대기업의 주가가 왜 이렇게 올라가지 않는지, 지금 투자하면 왜 위험한지 보이더라고요. 마냥 어렵게 보이던 주식 투자도 배우면 위험을 피할 수 있다는 걸 그때 알게 됐어요. 기업 분석을 할 때는 다양한 지표나 기사, 의견을 볼 수 있는 네이버 증권(https://finance.naver.com)을 가장 먼저 보고 많이 이용했습니다. 책은 《주식 공부 5일 완성》을 가장 먼저 읽고 따라 해보기를 추천합니다.

# 나의 한계
# 파악하기

저축에서 실패를 생각해본 적 있나요? 누구나 실패할 수 있습니다. 평생 모아온 재산을 투자해서 꿈꾸던 부동산을 매매했지만 하락장에 빠져 원금이 손실되거나 의도치 않게 큰 금전적 피해를 입을 수도 있죠. 좋은 것만 생각해도 모자랄 판에 굳이 안 좋은 생각을 해서 뭐 하나 싶은 생각이 들겠지만, 저는 여러분에게 낮은 곳에 가더라도 다시 일어날 힘이 있다는 것을 알려드리고 싶어요. 지금부터 진지하게 한번 생각해보세요.

## 내 전 재산을 잃게 된다면…

1. 그런 상황에는 어떤 것들이 있을까?

2. 나는 어떤 지역, 어떤 동네, 어떤 집까지 견디고 버틸 수 있을까?

3. 평생 당연하게 먹던 아침, 점심, 저녁을 못 먹게 된다면? 식비를 극단적으로 줄여야 한다면 어느 정도까지 견디고 버틸 수 있을까?

4. 지금 다니던 직장을 그만두거나, 퇴근 후에도 일을 해야 한다면 어떤 일까지 할 수 있을까? 어떻게 다시 일어날 수 있을까?

어떤가요? 나는 어디까지 실패하더라도 다시 일어날 수 있을까요? 내가 버틸 수 있는 최저 생활 수준이 생각보다 낮다는 데 놀라지 않았나요? 아무리 크게 실패하고 망하더라도 저 조건만 갖춰진다면 다시 일어날 힘이 있겠구나 하는 생각이 들진 않았나요? 지금 저축을 잘한다고 해서 돈을 불린다는 보장은 없습니다. 한순간에 모든 것이 눈 녹듯 사라질 수도 있고, 단지 열심히 살았을 뿐인데 나쁜 것들이 나를 끊임없이 괴롭힐 수도 있습니다. 하지만 앞에서 나열한 최악의 조건까지 가지만 않는다면 다시 몇 번이든 일어날 수 있어요. 만약 실패하더라도 내가 지금까지 배우고 느낀 정보와 경험은 사라지지 않기 때문에 그 누구보다 빠르게 다시 올라올 수 있죠.

우리가 잘 아는 도널드 트럼프도 한때 모든 돈을 잃은 적이 있지만 '나는 성공할 수 있다'는 마인드를 갖추었기 때문에 2년 만에 잃었던 돈 이상의 부를 빠르게 축적했어요. 실패는 누구에게나 언제든지 찾아올 수 있습니다. 평생 저축을 열심히 하고도 한 번의 잘못된 선택 때문에 재산을 잃고 고통받는 사람들도 생각보다 많습니다. 하지만 실패를 어떻게 극복하려 노력하는지에 따라 결과는 완전히 달라집니다. 최악을 상상하고 그 상황에서 벗어날 수 있는 현실적인 계획을 여러 개 세워보세요. 물론 부동산이나 주식같이 선택에 의해 성공과 실패가 나뉘는 것이라면 실패하고 다시 시도하기보다 위험을 사전에 피해 갈 수 있도록 철저히 공부하고 대비하는 게 정답입니다.

# 4장

# 더
# 벌기

## 1억 원을 만들어준 것들

# 이직 대신
# 크리에이터의 길을 걷다

　저의 현재 직업은 영상, 글, 툰(만화) 등을 통해 온라인에서 수입을 만드는 콘텐츠 크리에이터입니다. 유튜브 '김알밥은 파이어족', 인스타그램 '재테크하는 알밥', 블로그 '1인가구 독립생활 기록소'가 제가 운영하는 대표적인 온라인 플랫폼 채널이죠. 20대에 저축을 시작하면서 수입을 늘리는 방법으로 투잡이나 아르바이트가 아닌 콘텐츠 제작을 선택한 이유는 무엇일까요?

　크리에이터가 점점 많아지고 직업으로 인정받는 시대인 만큼 콘텐츠 제작을 통한 부업과 그 시작 방법을 이야기해볼까 해요. 내 이야기 또는 내가 좋아하는 것을 온라인 매체를 통해 수익화해보고 싶다면 잘 읽어보셨으면 좋겠습니다.

"정말로 이렇게 온라인에서 돈을 벌 수 있을까?"

처음 콘텐츠를 제작했을 때는 자신감이 없었습니다. 수익을 생각하지 않고 시작한 건 아니지만 당시 고정 급여를 받고 있었기 때문에 도전한다는 마음으로 일단 콘텐츠를 만들어봤죠. 지금 사람들에게 유튜브를 시작해서 성공할 수 있을까 물어보면 힘들 거라는 답변이 많을 것 같은데, 제가 유튜브를 처음 시작한 3년 전에도 사람들은 똑같은 의견이었어요.

그렇지만 여러분이 매일 보는 유튜브나 다른 SNS도 잘 생각해보면 항상 먼저 시작한 사람이 더 잘되는 건 아닙니다. 온라인 콘텐츠의 시장이 레드 오션은 맞지만 그렇다고 해서 무조건 실패하는 건 아니라는 말입니다. 게다가 구독자 수가 100만 명인 유튜버만 돈을 버는 것도 아니고, 유튜버가 유튜브 콘텐츠를 통해서만 돈을 버는 것도 아니죠. 구독자 수 1만 명, 3만 명인 작은 채널을 운영하는 유튜버도 콘텐츠를 확장하면서 100만 유튜버만큼 돈을 벌 수 있기 때문에 저는 온라인 콘텐츠를 통한 수익화가 지금도 여전히 좋은 선택이라고 생각합니다.

그럼 과거의 저는 왜 이직이나 투잡, 아르바이트가 아닌 성공하지 못할지도 모르는 온라인 콘텐츠 제작에 뛰어들었을까요? 앞서 말한 것처럼 성공할 가능성이 있었기 때문이기도 하지만 그 당시의 저는 조금 다른 방향으로 생각했기 때문입니다.

저의 최종 목적지는 파이어족입니다. 남들보다 일찍 노동을 통한 경제활동을 멈출 것이기 때문에 죽을 때까지 행복하게 살 수 있는 자금 흐름을 더 많이 만들어야 하죠. 남들보다 최소 20년 이상 더 먹고살 준비가 돼야 안전하게 은퇴할 수 있으니까요. 그래서 당장 연봉이 높아지고, 단기 수입을 얻는 게 중요하지 않았습니다. 그것들은 직장을 그만두거나 일을 그만두면 지속할 수 없으니까요. 돈이 나를 위해 일하는 시스템이 필요했어요. 간단히 말하자면 내가 직접 노동하지 않아도, 자면서도 돈을 벌 수 있는 시스템이죠.

"나는 어떻게 하면 일하지 않고도 현금 흐름을 만들 수 있을까?"

지금부터 생각해보세요. 어렵다고요? 그러면 이렇게 생각해볼까요? 사장이나 기업가는 어떻게 평범한 직장인처럼 일하지 않으면서 그들보다 큰돈을 벌 수 있을까요? 대체로 생산자, 관리자의 위치에서, 자신이 직접 하지 않아도 되는 일은 직원들이 대신 해주기 때문입니다. 어딘가에 소속되지 않아도 생계에 아무 지장 없는 삶을 희망한다면 여러분도 지금부터 어떻게 해야 생산자 위치에 올라갈 수 있을지 고민해봐야 합니다. 저는 콘텐츠 제작을 선택했어요. 콘텐츠 제작은 이런 장단점이 있습니다.

| 장점 | 단점 |
|---|---|
| 1. 한번 시스템을 만들어두면 24시간 365일 알아서 구동된다. | 1. 성공 필승 법칙이 없다. |
| 2. 시간과 공간에 제약이 없다. | 2. 지속적으로 콘텐츠를 발행해야 한다. (제작 노동+기획력 필요) |
| 3. 수익에 한계가 없다. | 3. 초반에는 노동하는 만큼의 수익이 생기지 않는다. |
| 4. 콘텐츠가 쌓일수록 인지도와 신뢰도가 높아져 처음 하는 일도 점점 쉬워진다. | 4. 플랫폼별로 수익 창출 조건이 까다로울 수 있다. (예: 유튜브 수익 창출 기준은 시청 시간 4,000시간, 구독자 1,000명) |
| 5. 시작에 필요한 자금이 거의 없다. | 5. 고정 수익이라는 것 자체가 없다. 지난 달에 1,000만 원을 벌어도 이번 달 수익이 0원일 수 있다. |
| 6. 여러 개의 플랫폼, 채널을 동시에 운영할 수 있다. | |
| 7. 콘텐츠 제작에 대한 제한도, 지켜야 할 계약도 없다. 쉬고 싶을 때 언제든지 쉬고 싶은 만큼 쉴 수 있다. | |

　　많은 사람이 유튜브나 블로그를 운영하려면 좋은 장비부터 사야 하지 않느냐고 합니다. 절대 아닙니다. 오히려 저는 처음에는 비싼 장비는 사지 않았으면 좋겠어요. 왜냐고요? 초

반에는 무엇을 해도 큰 반응이 나오지 않는 게 일반적이기 때문입니다. 수익이 창출되기도 전에 장비부터 사면 결국 부담감만 더해집니다. "카메라(노트북) 값은 뽑고 그만둬야지." 하는 생각은 지속적인 운영에 그다지 도움이 되지 않아요.

저도 처음엔 아무것도 구매하지 않았어요. 유튜브는 스마트폰 카메라로, 블로그는 원래 있는 컴퓨터로 시작했죠. 요즘 스마트폰의 기본 카메라는 충분히 훌륭해서 특정한 장르가 아닌 이상 그 이상의 장비가 필요하지 않습니다. 더 좋은 장비를 원한다면 내가 이 장비를 최고로 활용할 기반이 마련됐을 때 투자해야 투자금 이상의 값어치를 낼 수 있어요. 그 이전에는 그냥 부담일 뿐입니다.

편집 등 프로그램도 가능하면 사지 마세요. 미리캔버스(디자인 소스 사이트), VLLO(편집 앱) 등 무료 플랫폼과 프로그램이 많아요. 빠른 저축을 위해 시작한 부업에 왜 돈이 벌리기 전에 내 돈을 먼저 쓰시나요? 1만~2만 원 수준의 작은 투자는 괜찮지만, 더 큰 투자는 결과에 대한 확신과 자신감이 생겼을 때 하는 것이 맞습니다.


제가 현재 가지고 있는 크고 작은 파이프라인은 유튜브, 블로그, 티스토리, 위버딩, 네이버 OGQ마켓, 크몽, 해피캠퍼스, 온라인 모임, 주식 투자, 그 외 콘텐츠 연계 수익 등이 있습니다. 꽤 많아 보이지만 여러분도 전부 당장 시작할 수 있는 파이프라인이에요. 플랫폼, 상품 모두 큰 수익을 안겨주지는 않지만, 중요한 것은 이것들은 한번 만들어두면 365일 24시간 자동으로 수익을 낸다는 사실이죠.

"김알밥 님은 팔로워가 적은데 월급 이상의 수익이 난다고요?" 하며 의문을 품는 사람도 있어요. 이 자리에서 구체적으로 말씀드리기는 어렵지만 그게 제가 가진 여러 상품의 셀링 포인트입니다. 어떤 사람이든 노력과 열정을 쏟는다면 적은 팔로워로도 월급 이상의 수익을 내게 돕는 것이 제 온라인 수익화 노하우의 핵심이죠.

사람들이 쉽게 이해할 수 있게 크리에이터라고 말하곤 하지만, 실제로 생각하는 저의 직업은 '콘텐츠 디지털 노마드'입니다. 콘텐츠 디지털 노마드라고 말하는 이유는 단순히 콘텐츠를 제작하는 것으로 수익화가 끝나지 않고 이를 통해 디지털 노마드가 됐기 때문입니다. 여기에 대한 노하우는 전자책으로 만들었고 2회의 펀딩으로 목표 금액을 각각 1,000%, 900%를 초과 달성했을 정도로 뜨거운 반응을 얻었습니다. 온라인 활동이 중요해지고 그에 따른 수익화 방법도 늘어나는 지금 나의 능력과 가치를 알릴 콘텐츠를 제작해보세요.

# 가장 현실적인
# 온라인 부업 이야기

온라인에서 돈을 번다는 건 어떤 의미일까요? 많은 직장인이 "퇴사하고 유튜브나 할까?"라고 심심찮게 말하곤 합니다. 직장에 다니면서 온라인 수익화도 해보고 퇴사 이후 본업으로 온라인 수익화도 해본 사람으로서 말하자면 유튜브든 블로그든 직장이 있을 때 시작해야 가장 안정적으로 운영할 수 있습니다. 온라인 콘텐츠를 수익화하길 원한다면 무엇보다 사람들에게 내가 누군지 알리고 기반을 잘 다져야 하는데, 이 기반은 최소 3개월 이상 꾸준하고 지속적으로 많은 시간과 노력을 쏟아야 만들 수 있습니다. 그동안 수익은 보장받을 수 없기에 퇴사 직후 이 시기를 버티기란 쉽지 않습니다.

의도치 않게 콘텐츠 하나가 좋은 반응을 이끌어내 많은 구독자와 수익이 생길 수도 있어요. 하지만 호응의 이유를 정확하게 알지 못한 채 무작정 희망에 가득 차 퇴사한다면 결국 사람들의 관심도도 떨어지고 본인의 흥미도 잃으면서 안정적인 월급이 나오던 회사를 퇴사한 걸 후회할지도 몰라요.

직장에 큰 불만이 없다면 직장 생활을 하면서 반자동으로 운영할 수 있는 구매 대행이나 스마트 스토어를 시도해보는 것도 괜찮아요. 유튜브나 블로그처럼 매번 어떤 콘텐츠를 만들지, 어떻게 찍을지, 어떻게 만들면 좋아할지 창의적으로 고민할 필요가 없습니다. 게다가 전자책이나 노하우, 책, 강의를 통해 일정 규모까지 성장시키는 방법을 상대적으로 쉽게 배울 수 있어 진입장벽이 더 낮게 느껴질 수 있습니다.

그럼에도 콘텐츠 제작을 시작하고 싶다면 지금 직장이 어떤지 객관적으로 바라보세요. 워라밸은 잘 지켜지는지, 일에 대한 스트레스는 어느 정도인지, 여가 시간은 얼마나 되는지. 콘텐츠 제작에 힘쓰기 위해 충분한 시간과 여유가 있는지가 최우선입니다.

제가 직장을 다니면서 오랜 기간 유튜브를 병행할 수 있었던 이유는 급여는 적더라도 워라밸이 지켜졌기 때문이에요. 야근이 없고, 퇴근 시간이 되면 모두가 자리에서 일어나 사무실 불을 끄고 퇴근하는 분위기였기에 항상 같은 시간에 집으로 돌아와 영상을 만들고, 블로그 글을 쓰는 데 시간을 투자할 수 있었습니다.

내가 마음에 얼마나 여유가 있는지가 성공에 가장 큰 요인으로 작용합니다. 너무 힘들어서 도망치고 싶은 마음에 콘텐츠 제작에 도전하려 한다면 우선 먼저 몸부터 회복하고 시작해보라고 권하고 싶어요.

기본적인 준비가 됐다면 스스로 데드라인을 정하면 좋아요. 언제 어떤 콘텐츠를 올리겠다는 명확한 계획이 있어야 현실에서 힘들고 지쳐도, 보기 좋은 결과물을 만들지 못하더라도 계속 하나씩 콘텐츠를 쌓아가는 힘을 기를 수 있어요. 보상이 없더라도 숨 쉬듯 정해진 기간 내에 콘텐츠를 만들고 보여주는 게 가장 먼저 달성해야 할 목표입니다. 이때 콘텐츠의 질은 크게 중요하지 않습니다. 나를 아는 사람보다 나를 모르는 사람이 더 많기 때문에 하고 싶은 대로 마구 콘텐츠를 올려도 뭐라 할 사람이 없죠. 이 기간에 다양한 주제로 콘텐츠를 제작해보면서 나는 무엇을 좋아하는지, 무엇이 재밌는지 탐색해보면 좋아요.

저도 처음에는 모든 일상을 단순하게 시간순으로 편집하고 자막을 단 브이로그 영상을 주로 올렸는데, 사람들이 좋아하는, 그리고 제가 편하고 재밌게 만들 수 있는 주제를 찾아가는 지난한 과정을 거쳤습니다. 이런 인사이트는 사람들에게 결과물을 보여주지 않으면 결코 얻어낼 수 없기 때문에 부족하더라도 꾸준히 무언가를 올리는 게 성공으로 다가가는 첫 번째 요소라고 생각합니다.

정기적으로 콘텐츠를 올리는 데 익숙해졌다면 제대로 된 채널 방향을 정해보세요. 이쯤 되면 반응이 좋은 콘텐츠를 판별할 수 있고, 비슷한 내용의 댓글이 자주 달리거나, 무언가 요청을 받기도 합니다. 그 의견을 바탕으로 사람들이 보고 싶어 하는 콘텐츠를 예측해서 한 줄로 적어보세요. 그리고 내가 좋아해서 올리는 콘텐츠가 아니라 나도 좋아하고 사람들도 좋아하는 콘텐츠를 만들어보는 거죠.

처음 콘텐츠를 만드는 초보자가 가장 많이 하는 실수는 '내가' 좋아하는 걸 올리는 것입니다. 그런데 콘텐츠로 좋은 반응을 얻으려면 '나도' 좋아하고 '사람들도' 좋아하는 것을 올려야 해요. 사람들이 좋아하고 필요로 하는 것만 올려도 일정 반응은 보장할 수 있습니다. 내 콘텐츠를 보는 사람들이 원하는 것을 주는 게 크리에이터의 가장 중요한 역할입니다. 그렇기에 사람들이 나에게 '무엇을' 원하는지 찾는 게 아주 중요한 성공 요소가 됩니다.

한 채널에 집중하는 것이 좋을까요, 여러 채널로 확장하는 것이 좋을까요? 저는 혼자서 유튜브, 블로그, 인스타그램 등 다양한 플랫폼을 동시에 운영하고 있습니다. 혼자 여러 채널을 운영하는 일은 생각보다 어렵지 않아요. 루틴을 잘 정하거나 일하는 시간, 과정만 줄여도 훨씬 쉬워지죠. 여느 크리에이터처럼 유튜브면 유튜브, 블로그면 블로그, 하나의 플랫폼에 집중하는 게 훨씬 빨리 채널 가치를 키울 수 있는 방법은 맞습니다. 하지만 제가 혼자서 여러 채널을 운영하는 이유부터 알려드리고 싶어요.

지금까지 크게 신경 쓴 적은 없겠지만 이따금 카카오, 유튜브, 인스타그램 등 우리의 생활과 밀접한 플랫폼의 서버가 다운되거나 오류가 생기는 경우가 있습니다. 이용자야 기다리면 플랫폼이 복구되니 잠깐 불편하고 말지만, 그곳을 직장으로 삼는 사람이라면 어떨까요? 갑자기 회사가 사라진 것 같은 기분일 거예요. 어떠한 예고도 없이 해고당해버린 거나 마찬가지죠. 거기다 데이터가 사라져 내가 이전까지 얼마나 열심히 활동했는지 증명할 방법도 없어졌다면 어떻게 제대로 버틸 수 있을까요?

제게도 비슷한 일이 벌어진 적이 있어요. 인스타그램에 인스타툰을 올리고 있는데, 어느 날 플랫폼 오류로 아무 이유 없이 이용자들의 계정이 정지되고, 사라지는 일이 생겼습니다. 그리고 인스타그램 채널이 유일한 직장이던 사람들은 혼란에 빠졌죠. 열심히 하나의 채널만 키우고 거기에 온갖 정성을 쏟았는데 그 채널이 이유 없이 사라지고, 복구할 방법이라곤 고객 센터에 열심히 메일을 보내는 것뿐이었으니까요. 실제로 저와 친하게 지내던 인스타툰 작가분 중에도 혹시라도 자기 채널이 사라질까 두려워 눈물을 흘렸다는 분이 많았습니다.

저도 채널이 사라질까봐 초조했습니다. 하지만 그렇게까지 불안함을 느끼지는 않았어요. 인스타그램 채널이 사라져도 기존에 운영하던 유튜브나 블로그의 영향력을 빌려와 채널을 다시 키우면 된다고 생각했기 때문입니다. 하나의 채널만 운영한 사람들은 느낄 수 없는 안정감이죠.

주식에서 분산 투자가 필요한 것처럼 채널도 마찬가지입니다. 영향력 있는 채널을 여러 개 두고 있으면 하나에 문제가 생기더라도 다른 것들로 보완할 수 있기 때문에 쉽게 흔들리지 않습니다. 그러니 채널 운영에 적응이 됐다면 다른 플랫폼에서 채널을 하나 더 키워보세요. 같은 주제의 콘텐츠도 상관없습니다. 여러 채널을 운영하는 또 다른 이유가 여기 있죠. 같은 내용을 무료로 여러 번 홍보할 수 있기 때문입니다.

저는 이것을 '개미지옥'이라고 표현합니다. 우연히 유튜브에 들어왔다가 블로그에도 가보고 인스타그램도 들어가면서 점점 저라는 사람에게 빠지게 만드는 거죠. 또 3개의 채널이 있으면 제 콘텐츠에 관심 있는 잠재 고객을 3배 이상으로 찾고 늘릴 수 있기에 여러 채널을 운영하기를 추천합니다.

그렇지만 앞서 말했던 것처럼 저는 혼자서 이 모든 채널을 운영하고 있습니다. 내가 하지 않아도 될 일을 다른 사람에게 부탁하고, 내가 꼭 해야 할 일만 하며 채널을 점점 크게 키워가는 방법이 몸을 불리는 일반적인 방법임에도 제가 모든 것을 혼자 운영하는 이유는 채널의 성장 결과를 정해두었기 때문입니다.

채널의 영향력이 어느 정도 생겼고, 그에 대한 수익도 생기기 시작할 무렵에 외부 인력에게 편집과 제작을 맡긴 적이 있습니다. 일을 나눠서 하니 결과물도 좋았고, 몸도 편했습니다. 하지만 채널 운영이 이런 식으로 사업처럼 자리를 잡아버리면 더 이상 이전과 같이 좋아서 운영하는 채널이라고 할 수 없겠다는 생각이 들었어요. 책임져야 할 사람들이 생기면 그들의 급여를 챙겨주기 위해 더 높은 성과를 내려고 할 테고, 결국 자유를 위해 시작했던 일 때문에 쉬고 싶을 때 쉬지 못하는, 어딘가에 묶인 인생이 될 것 같았습니다.

그래서 누군가가 나를 도와줄 때만큼 돈을 벌지는 못하겠지만 혼자서 버는 수익에 만족하고, 떠나고 싶을 때 언제든 책임 없이 떠날 수 있는 삶을 선택했어요. 이렇게 정하고 나니 혼란스러웠던 마음이 편안해졌습니다. 내가 할 수 있는 만큼 사람들이 좋아하는 콘텐츠를 올리고 거기에 따라오는 반응에 만족할 수 있었고, 직업이 아닌 취미에 가깝게 즐겁게 채널을 운영할 수 있었어요.

사람에 따라 채널을 사업으로 키워가고 싶어 하는 분이 있을지도 모르겠습니다. 결국 자신이 방향을 선택해야 합니다. 혼자서 너무 힘들지 않을 만큼 채널을 여러 개 운영해보면서 장기적으로 채널을 어떻게 운영하고 싶은지 고민해보면 좋겠습니다.

# 입사하는 순간
# 퇴사 준비해야 하는 이유

    지금이야 어떻게 먹고살지에 대한 불안감이 크지 않지만 퇴사하던 시기에는 미칠 듯이 걱정하며 시간을 보냈습니다. 당시 저는 개발자로 취업한 지 약 1년 반이 지난 때였습니다. 같이 취업 학원에 다니던 친구들은 아무리 싫어도 2년은 버텨야 한다며 회사를 다니고 있었죠. 제가 당시 부업으로 어느 정도 수익을 내면서 자신감이 생겼을 테니 퇴사를 쉽게 결정했을 거라 생각하시는 분도 있겠지만, 사실상 믿을 거라곤 하나도 없었습니다.

    일하는 형식 자체가 상대가 먼저 의뢰해주길 기다려야 할 때가 많았고, 스스로 일을 어떻게 찾아야 할지도 감을 못 잡는 상황에, 아무리 노력해도 100만 원 이상 수익을 만들기 어려워 과연 직장에 있던 시간만큼 부업에 더 투자한다고 해서 직장에 다닐 때보다 더 벌 수 있을까 하는 의문이 들기도 했죠.

　게다가 회사에서는 아무 불만 없이 잘 일하던 직원이 갑자기 그만두겠다고 하니 당황했습니다. 연봉 협상 시즌이라 저의 연봉을 (정말 아주 조금) 올려줄 생각을 하고 있었는데 왜 그만두냐며 이유를 물어보더라고요. 저의 가치를 잘 대우받지 못한다는 느낌도 들었고, 일단 여기서의 생활을 멈추고 싶다는 생각이 컸어요. 시간이 갈수록 누군가에게 도움을 주기보다 무엇이든 하라면 해야 하는 기계 같은 존재가 된 것 같아 회의감도 꽤 컸습니다.

　저는 가능하면 약해 보이고 싶지 않아 밖에서 잘 울지 않으려 합니다. 그런데 퇴사 이야기를 꺼내면서 불만을 이야기하다 보니 눈물이 나왔고, 어찌어찌 이야기를 끝내고 나서 거울을 확인해보니 마스크가 젖을 정도로 눈물 콧물 범벅이 되어 있었습니다. 그 모습을 보면서 제가 생각보다 감정적으로 더 힘들었고, 퇴사가 맞는 선택이라는 것도 다시 한번 깨달았죠. 그렇게 울면서 말하는 와중에 제 머리에 박힌 말이 있습니다.

　"내가 아는 사람한테 전화해서 다른 일자리 알아봐줄까?"

　진심에서 나온 걱정의 말인지 저를 무시하는 말인지 정확히 알 수 없었지만 저에게는 "이런 경력과 학력을 지닌 너를 받아주고 연봉까지 올려주는 회사 찾기 쉬울 것 같아?"라고 들렸습니다. 이 말은 제게 꼭 자립을 해내야겠다는 강한 동기를 부여했죠.

우여곡절 끝에 퇴사를 했고, 죽을 듯이 일하면서 기반을 잘 닦아 좋은 결과를 만들어냈지만, 저의 퇴사가 성공할 수 있었던 압도적인 이유는 미리 만들어둔 든든한 콘텐츠 채널 때문이었습니다. 그렇다면 이 기반은 언제 만들면 좋을까요? 회사 일에 적응하면? 경력이 어느 정도 쌓이면? 나이가 너무 들기 전에?

아주 현실적으로 조언하자면 '입사와 동시에'라고 말하고 싶어요. 이젠 직장이라는 존재가 더 이상 평생직장을 의미하지 않아요. 현재의 직장은 나의 경력, 실력, 생활을 위해 잠깐 머물다 가는 곳일 뿐, 이 한 몸을 회사에 바치겠다든지, 애사심을 갖겠다든지 하는 태도는 요즘 찾아보기 힘듭니다. 입사와 동시에 퇴사 준비를 시작해보길 바랍니다. 그렇다고 해서 일을 대충 하거나 덜 하라는 뜻은 아닙니다. 내가 맡은 역할에는 확실하게 최선을 다해서 임하면서 동시에 다른 탈출구를 마련하라는 뜻이죠.

퇴사를 안전하게 하고 싶을수록 빨리 준비하길 추천합니다. 온라인에서 자립하기 위해 필요한 준비 기간은 짧지 않아요. 저도 준비를 마칠 때까지 1년 반이라는 시간이 필요했습니다. 또 무엇을 하든 그 일을 하는 이유가 중요합니다. 어떤 이유로 회사에 다니고 있는지, 어떤 목적으로 자립을 준비하는지, 왜 아직 계속 직장에 다녀야 하는지 등이요. 저는 모든 일상과 업무에서 이유와 목적이 없으면 바로 방황하기 시작해요. 이 일을 왜 해야 하는지 스스로 알지 못하는 상태에서 무작정 일을 한다면 좋은 결과를 내기 어렵죠.

솔직히 퇴사할 때까지도 스스로에 대한 의문이 많았습니다. 학창 시절부터 똑똑하지도 않았고 특별한 재주도 없었던 저이기에 당연히 누구나 할 수 있는 일밖에 하지 못한다고 생각했죠. 퇴사를 하고 난 후에서야 제가 얼마나 가치 있는 사람인지, 얼마나 대단한 사람인지 조금씩 알게 됐습니다. '아, 내가 이런 일도 할 수 있구나.' '이걸 이 정도의 돈을 주고 맡기는구나.' '사람들이 이런 것은 쉽게 하지 못하는구나.' '내가 당연하다고 생각했던 것이 재주가 될 수 있구나.'

퇴사 이후의 목표는 딱 하나였어요. 6개월 안에 원하는 만큼의 수익을 올리기. 그러지 못하면 다시 취직 준비를 하기로 했습니다.

그리고 시간이 어떻게 지나갔는지도 모를 정도로 인생에서 가장 바쁜 나날을 보냈습니다. 매일 해가 뜨면 일어나 일을 시작하고 새벽에 지쳐 잠들기 일쑤였지요. 하는 일도 다양해서 어떤 날엔 영상을 제작하고 어떤 날엔 그림을 그리고, 어떤 날엔 강의를 하며 수많은 일을 한 번에 진행하기도 했습니다. 어딘가에 소속되지 않고 혼자 일해본 적이 없었기에 수익을 어떻게 만들 수 있을지 고민을 많이 했지만, 밖으로 나와 보니 돈이 되는 것들이 너무 많이 보였어요. 저와 같은 방식으로 일하는 사람들을 많이 만나기도 했고요.

　그러다 보니 작은 아이디어 하나만 가지고도 평범한 직장인 월급 이상의 수익을 내는 방법이 보이기 시작했고, 시간이 지날수록 저 또한 그들보다 덜 일하고, 더 쉬더라도 그 이상의 수익을 올리게 됐습니다. 평범한 삶을 아주 조금 벗어났을 뿐인데 이렇게 다른 세상이 존재하는구나 싶었죠. 만약 지금 하는 모든 것들이 다 무너지더라도 어렵지 않게 새로운 일을 통해 일어날 수 있다고 자신해요.

　직장에서 월급을 받고, 퇴사 이후 아르바이트를 통해 생활비를 충당하다가 지쳐 다시 직장으로 들어가는 사람을 흔히 볼 수 있습니다. 그럴 수밖에 없는 이유는 지금까지 누군가의 밑으로 들어가 일하고 그에 대한 돈을 받는 게 너무 당연했기 때문이에요. 제가 해드릴 수 있는 말은 세상 밖을 너무 무서워하지 말라는 겁니다. 안정적인 직장이 없더라도 돈을 벌 수 있는 방법은 수만 가지가 존재하고, 그 수는 계속해서 늘어나고 있습니다. 직업이라고 생각하지 못한 게 직업이 될 수 있는 세상이잖아요. 준비가 됐다면 세상 속으로 뛰어드는 용기도 필요합니다.

# "돈 많이 버니까 많이 모은 거잖아요."

　짧은 시간에 돈을 모았지만, 월급만으로 가능했던 일은 결코 아니었습니다. 저도 이 사실을 부정하진 않아요. 하지만 돈을 많이 번다고 해서 반드시 저축을 잘한다고 할 순 없습니다. 버는 만큼 쓰거나 그 이상으로 지출한다면 얼마를 벌었든 저축한 돈은 크지 않을 수 있어요. 또 회사 밖에서도 월급 이상의 수익을 꾸준히 만들 수 있지만 실제로는 직장에 다니는 것 이상으로 노력하지 않으면 얻을 수 없는 것들이 너무 많습니다.

　프리랜서라고 하면 자고 싶을 때 자고 쉬고 싶을 때 쉴 것 같지만 오히려 직장인보다 더 오래 일하고 돈은 그만큼 받지 못할 때가 더 많은 것 같아요. 일이 많을 때는 주 7일, 매일 12시간씩 일하는 것도 당연하고, 일이 적으면 적은 대로 어떻게 수익을 내야 할지 불안감이 찾아올 때도 있죠. 직장인은 자유로운 프리랜서가 부럽지만, 프리랜서는 안정적인 직장인이 부럽습니다.

그럼에도 다시 직장에 들어가지 않는 이유는 수익의 불안정성이나 그에 따른 불안함만 빼면 그 외의 장점들이 너무나 만족스럽기 때문입니다. 일을 직접 만들고 수익을 창출할 수 있다는 점, 아플 땐 그냥 쉴 수 있다는 점, 매일의 기분에 따라 일하는 시간과 장소를 옮길 수 있다는 점은 물론이고 주중 아무 때나 은행 업무를 처리하거나, 주말마다 사람이 가득 차는 '핫 플레이스'에 가장 사람이 없을 때 방문해 편안한 시간을 가질 수 있다는 사소한 점까지도 참 만족스럽습니다.

직장에 다니면서 부업으로 수익을 낼 때는 100만 원 이하로만 벌어도 너무 뿌듯하고 행복했지만 프리랜서 크리에이터가 된 뒤에는 직장인 월급의 몇 배를 버는 날이 있더라도 크게 행복하거나 뿌듯하지는 않습니다. 이번 달에 많이 벌었다고 해서 다음 달에도 그럴 거라는 보장이 없기 때문이죠. 그래서 오히려 돈이 주는 만족감과 행복은 퇴사 전에 비해 조금 약해진 것 같기도 합니다.

그 때문인지 많은 돈을 벌더라도 그 돈을 쓰는 대신 더 아끼고, 모으고, 절약하던 생활 습관을 유지하며 최대한 많이 저축하려고 노력했어요. 얼마를 벌더라도 항상 같은 소비 패턴, 식사 패턴을 유지하고 일정한 생활을 유지했죠. 평소보다 더 많이 벌었다고 고급 레스토랑에 가거나 나에게 비싼 선물을 하거나 분위기를 내는 경우는 거의 없었습니다. 그런 이벤트는 돈이 많을 때가 아니라 정말 기쁘고 축하할 일이 생겼을 때 해야 더 의미 있고 기분도 좋더라고요. 지금은 이런 생활이 너무 자연스러워 부족하거나 더 쓰고 싶다는 욕구도 느끼지 않습니다. 필요하면 쓰면 되고, 필요하지 않으면 안 쓰면 된다는 아주 간단한 판단 기준을 모든 생활에 적용하고 있죠.

저는 기본적으로 환상을 좇는 사람이지만 그만큼 현실도 잘 파악하기에 지금 제가 남들보다 좋은 인생을 살고 있다는 우월감에 휘둘리지 않습니다. 제가 누리는 것들이 절대 당연한 게 아니란 사실을 잘 알고 있고, 겸손하지 않으면 좋은 사람들과 운도 떠나가기 마련이라 생각합니다. 또 안정감을 느끼기엔 스스로의 부족함을 너무 잘 알고 있었기에 제가 만든 좋은 결과가 일상이 될 수 있도록 더 노력했죠.

사람들은 크리에이터는 주로 협업(광고)이라는 형태로 큰 수익을 쉽게 올릴 수 있다고 생각합니다. 이것도 어느 정도 맞는 말이지만, 광고가 주요 수입원이 된다면 광고를 받지 못할 때는 생계가 위험해지죠. 광고 수익을 낼 수 있으면 좋지만 그게 절대 우선이어서는 안 됩니다. 저는 광고는 아주 단기적인 일회성 외주라고 생각하고 있습니다. 광고의 형태를 잘 보면 제가 지금까지 말한 패시브 인컴과는 거리가 멀죠. 그래서 더 많은 광고를 받기 위해 단가를 낮추거나 채널 방향성과 잘 맞지 않는 광고를 억지로 진행하는 등의 방법은 쓰지 않습니다. 오히려 광고를 통해 팔로워에게 무언가 줄 수 있을지 역으로 제안하기도 합니다. 그래서 팔로우 이벤트를 진행하기도 하고, 광고주가 거절하면 사비를 내서 이벤트를 진행한 적도 있습니다.

　회사 밖에서 돈을 벌 방법은 많다고 했지만, 그 돈을 실제로 안정적인 수익으로 전환하는 건 또 다른 일이에요. 정말 보이지 않는 노력을 끊임없이 기울여도 아무도 알아주지 않을 때가 있죠. 그렇기에 저는 지금 좋아하는 일로 돈을 벌 수 있다는 것에 항상 크게 감사하며 일하고 있습니다.

　누군가 하는 일이 쉬워 보인다면 그만큼 그가 고수이기 때문이라는 이야기를 들은 적이 있어요. 만약 어떤 크리에이터가 매일 놀고 쉬는데 운이 좋아 돈도 많이 버는 것 같다면 직접 그가 하는 일에 도전해보시길 바라요. 어떤 결과가 나올지 모르는 채 누구의 강요도 없이 매일 일하고, 일거리를 찾고, 콘텐츠를 기획하고, 만들고, 준비하는 것은 쉽지 않습니다. 그럼에도 크리에이터들은 이 일을 즐기고 스스로 이 일을 한다는 것에 자부심을 느끼기에 만족하고 일을 계속 이어나갈 수 있죠.

세상을 돈을 많이 버는 것보다는 어떻게 벌지에 초점을 맞췄더니 보는 눈이 달라졌습니다. 믿기 어렵지만 돈은 좇지 않을 때 찾아옵니다. 지금까지도 돈을 위해서 만들었던 것보다는 사람들이 필요로 해서, 사람들에게 필요할 것 같아서 만든 것이 큰 수익과 기회를 가져온 적이 많았어요. 내가 먼저 일에 진심이 된다면 성과는 자연스럽게 따라올 것입니다.

# 계속, 계속
# 확장하기

슬프지만 콘텐츠 세계에서는 안정감을 느끼고 조금 마음이 풀어지는 순간 사람들의 기억에서 잊히고 다른 여러 채널에 묻혀 다시 자리를 잡기 어려워집니다. 그래서 항상 내가 여기에 아직 존재한다는 걸 다양한 방법을 통해 인식시켜줘야 하는 피로감이 따릅니다.

이전에 한 방송 촬영을 통해 100만 명 이상의 구독자를 확보한 크리에이터를 만난 적이 있습니다. 처음에 인사를 했을 때 영상에서 보이는 것보다 너무 차분한 모습에 흠칫 놀라기도 했습니다. 촬영 중간에 쉬는 시간이 생겨 평소에 어떻게 지내는지 물어보니 쉬는 날 없이 아침부터 저녁까지 촬영이나 방송을 한다고 하더라고요. 그는 무척 피곤해 보였습니다. 그날 촬영이 늦은 밤에 끝난 것으로 기억하는데 다음 날에도 촬영이 계속 있고, 항상 미리 영상 기획을 해야 하며, 쉬면 영상을 올릴 수 없으니 평소엔 거의 쉬지 못한다는 이야기를 나누기도 했습니다.

크리에이터로 계속 살아남는 건 쉽지 않은 일이에요. 같이 촬영했던 그 크리에이터뿐만 아니라 콘텐츠 제작을 직업으로 삼는 주변 사람 중에서 자신을 제대로 돌보는 사람을 찾기 어렵습니다. 겉으로 보기엔 화려한 삶처럼 보이지만 정작 그 사람은 그러한 생활을 유지하기 위해 엄청나게 노력하고 있어요. 저도 한때 몇 주간 아침부터 저녁, 새벽까지 살인적인 일정을 소화한 적이 있었는데 정말 미치도록 평범한 일상이 그립더라고요. 그런 경험을 해서 그런지 인기나 부를 위한 삶보다는 조금 덜 벌더라도 내가 행복할 수 있는 삶을 지향하게 됐습니다.

그렇지만 멈출 수는 없습니다. 일을 조절하는 것과 멈추는 건 다르죠. 온라인에서 계속 새로운 콘텐츠와 상품을 보여주면서 나의 뿌리를 깊고 넓게 확장해나가야 합니다. 마치 프랜차이즈 사업처럼 본점이 잘되면 조금씩 분점을 내보는 거예요. 실패해도 괜찮습니다. 백종원 선생님은 우리가 너무나 잘 알고 있는 홍콩반점, 빽다방, 새마을식당 등 다양한 음식 프랜차이즈를 운영하지만 실패해서 사라지는 사업도 굉장히 많아요. 하지만 그 결과에 좌절하지 않고 계속 새로운 것을 시도했기에 그중 하나가 성공하기도 하고, 많은 수입을 벌어다주기도 하죠. 콘텐츠 제작도 마찬가지입니다.

요즘 내 SNS에 자주 보이는 크리에이터들의 채널에 들어가보세요. '이 사람은 댄스 챌린지만 하는 줄 알았는데 브이로그도 올리고 있었네?'와 같이 새로운 것들이 보일 겁니다. 알고리즘은 성공적인 콘텐츠만 보여주기에 성공적이지 않은 것들은 보이지 않게 되고, 그 크리에이터에게 실패란 없는 듯 느껴지는 거죠. 결과적으로는 수많은 실패와 도전이 있었기에 의미 있는 성공도 거둔다고 생각합니다.

확장하지 않고 고이면 점점 영향력이 작아져요. 저는 다른 플랫폼에 채널을 만들거나 새로운 아이템 혹은 다른 형식의 콘텐츠를 시도해보면서 영향력을 넓혀가고 있습니다. 사람들이 20대 사회 초년생을 위한 저축 방법이 궁금해질 때 저를 가장 먼저 떠올렸으면 좋겠다고 생각하기에, 그러기 위해 다양한 콘텐츠와 상품을 기획하고 있어요. 콘텐츠를 제외한 확장 방법에는 온·오프라인 강의, 출판, 전자책 펀딩, 노션 가계부 제작, 블로그 수익화 모임 등이 있었습니다.

이를 위해 나와 비슷한 콘셉트 및 카테고리로 운영하는 채널을 연구하고 사람들이 어떤 것을 필요로 하는지 확인하는 것도 중요합니다. 잘되는 채널이 성공한 비결을 알지 못한다면 쉬운 길이 있는데도 그조차 보지 못할 수도 있으니까요.

또 내가 결과물을 만들었다면 사람들의 반응과 후기를 잘 남겨두는 것도 중요합니다. 개인 영향력이 없는 상태에서 물건을 잘 파는 방법을 알려드리자면 처음에는 가격을 포기하세요. 질 좋은 물건을 저렴하게 판매하면 구매율은 자연스럽게 높아지고, 구매자는 물건에 만족한 만큼 후기를 더 잘 써줄 수밖에 없어요. 후기 작성 이벤트를 통해 기프티콘이나 혜택을 주는 것도 하나의 방법이 될 수 있죠.

후기가 쌓이면 그때 조금씩 가격을 높여보세요. 가격은 올랐더라도 후기가 상품의 질을 증명하기 때문에 가격이 더 낮은 다른 크리에이터의 상품이 있더라도 내 것이 선택될 확률이 점점 높아집니다.

많은 초보자가 처음부터 제값을 받으려고 하기 때문에 판매가 쉽게 이루어지지 않고 후기도 쌓이지 않는 악순환을 반복합니다. 처음에는 가격을 포기하고 후기에 집중해서 신뢰를 먼저 쌓는 것이 첫 번째 성공 법칙입니다. 후기는 다른 방향에서 확장할 기회를 가져다줘요. 저도 취미로 시작한 인스타툰 제작 원데이 클래스와 강의의 후기를 잘 남겨두었더니 지속적으로 다양한 기관에서 강의 요청을 받게 됐고 그게 또 하나의 수입원이 되면서 여전히 꾸준하게 클래스와 강의를 진행하고 있습니다. 시작도 중요하지만 결과물을 어떻게 잘 남겨둘지도 생각해보세요.

혼자서 여러 채널을 운영하기 힘들다면 인력을 투입해보는 것도 방법입니다. 충분히 투자할 수만 있다면 유튜브나 블로그에서 품질 높은 콘텐츠를 만들 수 있어요. 하지만 그 전에 내가 주로 운영하는 채널이나 수익원에서 다른 곳에 투자해도 괜찮을 만큼 수익이 나와야 합니다. 지금은 굳이 내가 직접 만들지 않아도 콘텐츠를 만들 수 있는 방법이 너무 많아요. 가장 쉽게는 '크몽'이라는 재능 판매 사이트에서 작업자를 찾을 수 있습니다.

이전에 만났던, 구독자 70만 명 유튜브 채널 운영자는 매일 영상을 올리기 위해 약 7명의 편집자를 고용했다고 하더라고요. 우리가 일상적으로 보던, 매일 영상을 올리는 채널 뒤에 얼마나 많은 사람이 일하고 있을지 상상조차 어렵네요.

아무리 노력해도 한 사람이 24시간 안에 할 수 있는 작업량은 정해져 있어요. 그렇기에 계속 다른 인력을 투입하거나 (반)자동 시스템을 구축하지 않는다면 결국 현재의 상태에 머무를 수밖에 없습니다. 어떻게 하면 더 간단하게, 더 시간을 줄여서 동일한 결과물을 낼지 계속 고민하고 새로운 방법을 시도해보세요. 일의 시간을 줄이려면 정확한 프로세스 정립, 각 단계별 시간 제한, 템플릿, 반자동화 등을 시도해볼 수 있습니다.

저는 온라인 모임 같은 경우엔 각 일정별로 안내 사항, 관리 등은 예약 기능을 통해 반자동으로 관리하고, 콘텐츠마다 특정한 템플릿을 만들어두어 내용만 채워 넣는 형태로 인스타그램과 블로그를 운영하고 있습니다. 이렇게 시간을 줄이는 시스템을 구축하고 서식화를 진행하기에 새로운 플랫폼으로 채널을 확장하고 운영할 수 있습니다. 콘텐츠 제작과 채널 운영에 적응했다면 시스템, 템플릿, 반자동화, 인력 투입을 통해 시간을 줄이고 새로운 영역으로 일을 확장해보세요. 그게 온라인에서 무너지지 않도록 튼튼한 뿌리를 내리는 방법입니다.

# 똑같이 시작해도
# 계속 버는 사람의 비밀

매일, 매시간, 매분 새로운 계정과 크리에이터가 생기고 있습니다. 그럼에도 살아남아 채널을 꾸준히 운영하거나 수익을 얻는 사람은 극소수입니다. 저와 같은 시기에 시작한 크리에이터 중 90%는 채널을 없애거나 영상 업로드를 중단하는 등 운영을 멈췄습니다. 개인마다 사정이 다르겠지만 결론적으론 채널을 유지할 만한 이유가 없거나 그럴 수 없기 때문이겠죠. 하지만 지속성과 별개로 같은 주제를 가지고도 성공하는 사람과 그렇지 않은 사람이 나뉘기도 합니다.

요즘 세상은 노력한 것만큼 결과가 나오는 세상이 아닙니다. 머리를 잘 쓰면 쓸수록, 아는 것이 많을수록, 자본이 많을수록, 남들보다 덜 노력해도 더 좋은 결과를 낼 수 있는 세상이죠. 저와 제 주변을 봤을 때 똑같이 노력해도 더 크게 성공하는 사람들은 자신을 따르는 팬들이 자신의 어떤 점을 좋아하는지 매우 잘 알고 있습니다. 무엇을 해야 사람들이 지갑에서 돈을 꺼내는지 알고 있기에 채널 방향성에 잘 맞는 콘텐츠를 지속적으로 생산하죠. 채널 연구, 트렌드 분석, 마케팅 공부, 독서 등을 꾸준히 하는 것도 공통적인 특징입니다.

반대로 성공하지 못하는 사람들은 콘텐츠에 나만의 색깔이 없으며(눈에 띄는 요소가 없음) 운영 방식이 정해지지 않았기에 여러 주제의 이야기를 자신이 하고 싶을 때 목적 없이 보여주곤 합니다. 다른 채널은 어떻게 운영하는지 크게 관심 두지 않으며 책 등을 통해 공부하고 배우려는 의지가 별로 없기도 해요. 콘텐츠를 지속적으로 올리는 최소한의 끈기만 있는 사람들이죠.


채널을 전략적으로 투자하는 시간 대비 크게 키우기 위해서는 다음 4가지를 정확하게 정해보세요.

1. 운영하는 목적과 이유는 무엇인가?

2. 시청 타깃은 누구인가?

3. 이 채널 운영을 통해 하고자 하는 일은 무엇인가?

4. 사람들이 내 채널을 찾아오는(찾아와야 하는) 이유는 무엇인가?

저도 처음 채널을 시작했을 때 오랜 방황의 시기를 겪었어요. 사람들이 나의 무엇을 좋아하는지 몰라 중심을 파악하기 어려워 매번 이랬다저랬다 하곤 했어요. 그러다 보니 기존 구독자도 같이 방황했고, 기대를 충족하지 않는 콘텐츠가 지속적으로 나왔을 때는 떠나는 구독자가 생기기도 했습니다. 단순히 많은 노력을 쏟는 게 중요하지 않다는 사실을 그때 알게 됐죠. 잘못된 방향성을 가진 콘텐츠를 계속 올린다면 노동만 열심히 하는 사람이 될 뿐입니다. 그래서 콘텐츠는 '그냥, 꾸준히'가 아닌 '제대로, 꾸준히' 만들어야 합니다.

만약 나의 운영 목표가 확실하고 흔들리지 않는다면 결과에 상관없이 지속해보세요. 저도 개인적으로 내용이 좋아 잘 챙겨 보는 계정이 있었는데 영상의 완성도가 높음에도 채널이 커지지 않아 매번 안타까움을 느끼곤 했습니다. 그러다 2년 정도 콘텐츠를 올렸을 때가 돼서야 알고리즘을 타고 유명해지더라고요. 1,000명대에 머물던 팔로워가 1만 명까지 순식간에 증가하는 것을 보았을 때 정말 제 일처럼 기뻤습니다.

사람마다 피어나는 시기는 다르지만 피어나기까지 노력하며 기다리는 사람에겐 반드시 기회가 오고, 언젠간 피겠지 하며 마냥 기다리는 사람에겐 기회가 쉽게 찾아오지 않아요. 제가 계속 지켜봤던 그 채널도 누군가 자신의 노력을 알아주지 않아도 꾸준히 콘텐츠를 만들면서 질 좋은 콘텐츠가 많이 쌓일 수밖에 없었고, 그 상태에서 하나가 유명해지니 무심결에 들어온 방문자도 이전에 쌓아두었던 콘텐츠에 반해 구독하고 팬이 될 수밖에 없었던 것입니다.

　요약하자면 끝까지 살아남는 방법은 확실한 목적을 가지고 하나의 주제를 꾸준히 올리면서 관련 분야를 공부하고 그 내용을 적용하는 것입니다. 저는 1억 원을 저축하면서 절약 생활은 끝냈지만 계속해서 절약이라는 주제로 콘텐츠를 제작하고 있습니다. '절약'이라는 키워드가 구독자가 제게 원하는 주제이고 구독자를 만족시켜주는 콘텐츠를 제공하는 것이 제 채널의 역할이기 때문입니다. 그래서 "저축을 처음 하는 사람들은 무엇을 어려워할까?" "어떤 것을 알려주면 도움이 될까?"를 고민하고 관련된 콘텐츠를 만들고 있습니다.

　그뿐만 아니라 자기 계발, 마인드셋, 마케팅적인 부분까지 공부하고 제 자신에게 적용하며 같은 이야기라도 더 이해하기 쉽게 전할 방법을 찾으려고 노력해요. 겉으론 간단한 저축 노하우, 절약 정보만 전달하는 것처럼 보이지만, 좋아하는 일로 살아남기 위해 보이지 않는 곳에서 책을 읽고, 공부를 하고, 실패도 해가면서 끊임없이 노력하고 있습니다.


　남보다 빠르게 성공하거나, 자수성가한 사람, 남들에게 박수를 받는 사람들을 살펴보니 표현은 다 달라도 결국에 말하고자 하는 핵심은 똑같더라고요. 직간접적으로 경험한 것을 토대로 짧은 시간에 남들보다 좋은 결과를 내는 사람들의 특징을 적어보았습니다. 나는 어떤 마음가짐이나 태도를 가지고 있는지 생각해보세요.

### 1. 불가능하다고 생각하지 않는다

성공하는 사람들은 기본적으로 안 된다고 생각하지 않습니다. 해볼 데까지 해보고 나서야 안 된다고 판단할 뿐, 시작도 하기 전부터 포기하지 않아요. 도착지까지 가는 길이 너무 험난하다면, 닿을 수 없는 도착지를 바라보는 게 아니라 지금 할 수 있는 아주 작은 무언가부터 찾고 실행하면서 조금씩 도착지로 나아가는 자세를 지니고 있죠.

### 2. 현재에 안주하지 않는다

항상 더 나아가는 모습을 취하는 것도 성공하는 사람들의 특징입니다. 어떻게 하면 성장할 수 있을지, 좋은 결과를 만들지, 투자하는 시간이나 노동력을 줄일지 끊임없이 고민하고 배우는 자세를 취합니다. 그렇기 때문에 문제에 대한 판단력이나 미래를 보는 시야가 넓고, 자신의 관련 분야뿐 아니라 그 외의 것에도 관심이 많은 데다 궁금하면 직접 해보는 등 도전을 어렵지 않게 생각합니다.

### 3. 현실을 불평하지 않는다

지금 나의 상황에 대해 불평하지 않는 것도 공통적인 특징이에요. 사람들이, 지금 시대가, 상황이 어떻다는 둥 잘 안 되는 이유를 다른 곳에서 찾지 않고, 내가 무엇을 놓쳤는지, 어디서 실수했는지 하나씩 돌아보며 문제를 자신에게서 찾고 해결합니다.

## 4. 자신과의 약속을 반드시 지킨다

성공하는 사람들은 외부와 연결된 약속도 잘 지키지만 자신과의 약속도 잘 지키는 사람들이 많아요. 간단하게는 물 한 잔 마시기, 산책 10분 같은 좋은 습관을 지속적으로 반복하기도 하고, 업무에서도 어떤 상황에서나 자신이 정한 한계, 목표까지 도달한 뒤에야 만족감을 느끼는 사람들이 많습니다. 타인이 보기엔 이미 대단한 성과를 이뤘음에도 그 결과에 개의치 않고 자신만의 목표에 도달할 때까지 계속 달리는 것이 특징입니다.

저에게도 많은 영감을 준《나는 오늘도 경제적 자유를 꿈꾼다》저자 또한 이미 일하지 않아도 들어오는 300만 원 이상의 부동산 수익이 있으면서도 매일 새벽 5시에 일어나 똑같은 하루를 시작하고 누구보다 열심히 살고 있어요. 저는 그 모습에 큰 충격을 받고 그를 존경하게 됐습니다.

## 5. 인생의 방향과 목표가 매우 확실하다

성공하는 사람들을 떠올렸을 때 드는 공통적인 느낌은 '명

료함'입니다. 그들은 개인의 방향과 목적에 관계없이 자신이 어떤 삶을 살지, 어떤 것을 선택할지, 어디로 가야 할지 굉장히 투명하게 알고 있고, 또한 그것을 이루기 위해 많은 노력과 관심을 기울입니다. 이런 사람들과 만나서 이야기를 하면 인생과 업무, 둘 중 어떤 것에 관련된 질문을 해도 망설임 없이 답변합니다. 자신이 이루고자 하는 바가 그만큼 뚜렷하기 때문에 모든 것에 대한 정답을 아는 것처럼 느껴집니다.

### 6. 과거를 후회하지 않는다

신기하게도 성공하는 사람들을 살펴보면 과거를 후회하지 않습니다. 자신이 직접 선택해서 맞은 결과뿐 아니라 자신이 선택할 수 없었던 것에도 미련을 가지거나 후회하지 않아요. 그 대신 과거의 실수를 반복하지 않기 위해 '오답 노트'를 작성해둡니다. 문제의 원인과 결과를 찾아 이후에 같은 문제가 발생했을 때 실수를 반복하지 않도록 대비책을 마련해두는 거죠.

나는 이 목록 중 몇 가지에 해당하는 사람인가요? 과거의 저는 성공하는 사람들의 특징을 하나도 갖추지 못했지만 계속 더 좋은 사람, 괜찮은 사람, 멋진 사람이 되고 싶어 노력하다 보니 점점 그들의 방식으로 문제를 바라보고 판단하게 됐습니다. 이런 긍정적인 마음가짐은 그렇게 되고 싶다는 마음 하나만으로 이루어지지 않아요. 무엇보다 스스로 변화하기 위해 끊임없이 노력하며 나의 약한 부분을 인정하고 보완하기 위해 많은 힘을 쏟아야 하죠. 내가 변화해야만 하는 강력한 동기를 찾아보세요. 그것이 나의 인생을 완벽하게 달라지게 만들 수 있습니다.

# 자본 없이 시작할 수 있는 온라인 부업

아무리 온라인 부업을 시작해라 말해도 '도대체 무엇부터?'라는 생각만 드나요? 그래서 직장인이 자본 없이 시작할 수 있는 온라인 부업들을 알려드립니다.

| 카테고리 | 이름 | 수익 창출 방식 |
| --- | --- | --- |
| SNS | 인스타그램 | 다양한 주제로 팔로워를 모아 수익 창출, 연계 상품 판매 |
| 그림 | 미리캔버스 기여자 | 이미지, 디자인 파일 판매 |
| 글 | 포스타입 | 유료 글, 만화 콘텐츠 판매 |
| | 블로그 (네이버, 티스토리) | 글과 사진 포스팅 |
| 뉴스레터 | 스티비 | 유료 구독 서비스를 통해 수익 창출 |
| 디자인 | 레드버블 | 디자인 굿즈 제작, 판매(해외 시장) |

| | | |
|---|---|---|
| 디자인 | 이모티콘<br>(카카오, OGQ) | 카카오톡/네이버 블로그 이모티콘<br>판매 |
| 디자인, 굿즈 | 마플샵 | 디자인 굿즈 제작, 판매(국내 시장) |
| 소모임 | 문토, 프립, 남의집 | 여러 종류의 일회성 소모임 |
| 영상 | 유튜브 | 영상(롱폼, 숏폼) |
| 온라인 강의 | 클래스유 | 다양한 취미 관련 온라인 강의 제작,<br>판매 |
| 웹소설 | 네이버 웹소설,<br>카카오페이지 | 작가 활동 |
| 자료 판매 | 해피캠퍼스 | 레포트, 노하우 판매 |
| 재능 판매 | 크몽 | 노하우, 직업 기술 등에 대한<br>컨설팅, 전자책 출간, 외주 |
| 전자 문구 | 위버딩 | 굿노트, 삼성노트, 노션 템플릿<br>등에서 사용하는 문서 양식 판매 |

위 리스트에서 마음에 드는 플랫폼을 찾았다면 다음 주제로 콘텐츠를 직접 생각해보고 만들어보는 것도 좋습니다.

**시도해볼 만한 콘텐츠 주제**

게임, 그림, 기술, 노하우, 도전기, 리뷰, 만들기, 반려동물, 버추얼 콘텐츠, 뷰티, 살림, 생활 팁, 쇼핑, 식물, 심리, 아동, 애니메이션, 여행, 연애와 결혼, 운동, 음식, 자동차, 자취, 재테크, 전자기기, 정치·사회·문화 이슈, 취미, 특정 직업, 하우투How to

다음은 무료로 사용할 수 있는 다양한 툴, 프로그램, 사이트입니다. 살펴보고 좋은 콘텐츠를 만들 방법을 찾아보세요.

| 카테고리 | 이름 |
| --- | --- |
| 그림(앱) | 스케치북 |
| 디자인 | 캔바 |
| 디자인, 썸네일 | 미리캔버스 |
| 디자인 참고 | 핀터레스트 |
| 영상 편집(앱) | VLLO |
| | 캡컷 |
| 오프닝, 엔딩곡 제작 | 스누 AI |
| 자료 요약 | 릴리스 AI |
| 자막 | VREW |
| 채널 홍보 | 리틀리 |

# 3대 플랫폼 완전 분석

저는 외부에서 콘텐츠 수익화와 관련된 강의를 할 때 다른 강의나 전자책처럼 하나의 플랫폼이나 콘텐츠만 추천하지 않아요. 많은 플랫폼과 매체를 직접 운영해보면서 사람의 성향 및 취향마다 잘 맞는 채널이 다르다는 사실을 알게 됐거든요. 다음은 제가 직접 경험한 각 플랫폼과 콘텐츠별 특징입니다. 어떤 플랫폼이 흥미롭게 느껴진다면 나와 잘 맞을 가능성이 크다는 뜻이니 그것부터 시작해보면 좋을 것 같습니다.

### 1. 유튜브

유튜브는 한국인뿐 아니라 외국인을 대상으로도 운영할 수 있고, 채널 자체 수익만으로도 생계를 이어갈 수 있는 가능성이 가장 크기 때문에 주 채널로 운영해도 좋아요. 실제로 100만 명 이상의 구독자가 있는데 주 시청자가 외국인이기 때문에 정작 한국에서는 잘 알려지지 않은 한국 먹방 채널이 매우 많습니다. 외국어를 잘하지 못해도 다양한 번역 프로그램이 있어 시작하기 어렵지 않고, 인구가 많은 외국을 대상으로 영상을 제작하면 한국보다 더 쉽게 구독자를 모을 수 있으니 타깃을 폭넓게 설정하는 것도 방법입니다. 한국어를 알려주는 채널을 운영하거나 외국인을 대상으로 한국 일상을 보여주는 것도 새롭겠죠?

롱폼 영상으로는 가장 쉽게 시작할 수 있는 브이로그를 많이 제작하지만 사실 브이로그는 성공하기 어려운 조건을 갖추고 있습니다. 쉬워 보이지만 그만큼 진입 장벽이 낮기에 경쟁자도 많고 성공하기도 어렵죠. 특히 사람들이 내 일상 영상을 봐야 하는 이유를 찾아내기가 어렵습니다. 쉽게 말해 내가 직장에서 일하고, 점심 먹는 영상을 모르는 사람들이 왜 봐야 하냐는 거죠. 그럼에도 브이로그를 해야겠다고 한다면 'ㅇㅇ하는, ㅇㅇ을 좋아하는, ㅇㅇ을 위한…' 등의 수식어를 붙여주세요. 같은 밥을 먹더라도 '그냥' 직장인의 밥보다는 '갓생 사는' 직장인의 밥이 훨씬 더 궁금하고 관심이 가겠죠?

영상 길이도 고민해야 합니다. 최근 들어 숏폼 영상을 일상적으로 보는 사람이 많아지고 있기에 롱폼 영상은 다른 전략을 취해야 합니다. 숏폼에 익숙해진 시청자들은 일반적인 영상도 1분 이상 보기 어려워하는데 그런 시청자들이 5분 이상 볼 수밖에 없는 영상을 만들어야 해요.

우리가 10분, 20분 이상 보는 영상에는 무엇이 있을까요? 노래, 운동, 영화 리뷰, 강연, 노하우, 기타 정보 등 내가 궁금하고 필요한 내용의 영상이죠. 그 외에도 그냥 생각 없이 틀어두거나 보기 좋은 15분 이상의 영상도 괜찮아요. 롱폼 영상에서는 내가 어떤 사람인지 알릴 수 있도록 나의 전문성이나 내가 잘하는 것을 잘 보여주는 게 좋습니다. 롱폼 영상에서 특정한 주제나 재밌는 에피소드가 있으면 그 부분만 잘라 숏폼에 올리는 형태로 따로 시간을 더 투자하지 않고 잠재 구독자를 확보할 수도 있어요.

롱폼 영상 하나로 여러 개의 숏폼 영상을 만들 수 있어 노동 대비 '가성비'도 좋은 편입니다. 숏폼이 잘되더라도 진짜 구독자를 만드는 건 롱폼이기 때문에 꼭 롱폼 영상을 제작해보세요.

숏폼 영상(쇼츠, 릴스, 틱톡)은 어떨까요? 몇 년 사이에 1분 미만의 숏폼 영상이 뜨겁게 뜨고 있습니다. 유튜브(쇼츠), 인스타그램(릴스), 틱톡 같은 플랫폼에서 볼 수 있어요. 숏폼은 매우 자극적이고 빠르게 요점만 보여줍니다. 또 영상이 끝나는 시점이 존재하는 롱폼 영상과 다르게 손가락 하나로 슥 내리면 끊임없이 다양한 주제의 영상이 나오기 때문에 중독성이 강하죠. 콘텐츠 제작자로서 보기엔 이게 숏폼의 장점입니다. 또한 하나의 숏폼 영상을 유튜브, 인스타그램, 틱톡에까지 올리고 채널을 운영할 수 있기에 노력 대비 효율이 좋은 편입니다.

어떤 영상을 숏폼으로 만들면 좋을까요? 매일 무언가에 도전해보는 도전기(예: 다이어트, 공부), 생활 정보를 알려주거나 용품을 추천하는 영상, 유행하는 노래와 댄스 챌린지, 짧은 개그물, 게임 하이라이트, 이슈, 분석(예: 영화, 애니메이션, 인물) 등을 추천해요. 대신 전반적으로 내용이 가볍고 편안하게 볼 수 있는 영상을 만들기를 추천합니다. 전문적인 이야기나 지루한 이야기를 하면 자극적인 영상에 중독된 사람들에게 가차 없이 버려지게 돼요.

자극적이고 결과부터 보여주는 영상에 적응한 사람들이 많기 때문에 숏폼은 말을 빠르게 하고, 결론(핵심)만 말해야합니다. 1분 미만이라고 했지만 30초 이하로 짧으면 짧을수록 사람들은 더 좋아합니다. 그만큼 사람들의 집중력이 낮아지고 있다는 뜻이니 안타깝기도 하지만, 지금의 콘텐츠 흐름을 무조건 거스를 순 없겠죠?

## 2. 인스타그램

인스타그램은 빠르고 잦은 소통을 좋아하는 사람들에게 추천하는 플랫폼입니다. 글, 사진, 영상, 판매, 라이브 등 다른 플랫폼에서 볼 수 없을 정도로 다양한 형태로 콘텐츠를 제공할 수 있기에 진입 장벽이 낮은 편에 속합니다. 하지만 그만큼 유행이 빠르고 과거의 페이스북같이 광고성이 짙거나 자극적인 게시물이 많기 때문에 살아남기 위해서는 많은 노력이 필요해요. 유튜브처럼 딱 정해진 수익화 조건이 없기 때문에 처음부터 수익을 기대하고 시작하지 않는 편이 좋습니다.

인스타그램으로 수익화를 하기 위해선 내가 무언가 사람들에게 도움이 될 만한 것, 고민을 해결해줄 만한 것을 알고 있거나 제공할 수 있다는 점을 강조해야 합니다. 팔로워가 늘어나면 협찬이나 광고를 받기도 하지만, 개인적으로 그다지 좋은 방법은 아니라고 생각합니다. 스스로 사람들에게 필요한 것을 찾고, 만들고, 판매하지 못한다면 인스타그램으로 성과를 만들어내기 어려울 수 있어요.

무엇보다 인스타그램은 내가 가지고 있는 것을 잘 자랑해야 하는 플랫폼입니다. 유튜브는 댓글을 달지 않고 영상만 보는 사람이 많지만 인스타그램의 경우에는 직접 댓글로 소통하거나 친구를 태그하는 등 소통 활동이 잦기 때문에 남의 관심이 부담스럽지 않고 소통하기 좋아하는 사람이 전반적으로 재밌게 운영할 수 있습니다. 인스타그램은 명함으로 사용하기도 좋아요. 나중에 포트폴리오처럼 보여줄 수도 있습니다.

인스타그램 콘텐츠는 유머, 이슈, 재테크, 뷰티, 맛집, 여행, 자기 계발, 라이프스타일, 만화 등 조금 더 세분화된 취향이나 자기 계발 관련 주제의 것이 인기가 높아요. 글을 잘 쓴다면 카드 뉴스, 그림을 좋아하면 만화, 영상 편집이나 애니메이션을 만들 수 있다면 영상 형태의 콘텐츠를 업로드 해보세요.

### 3. 블로그

블로그는 가장 쉽게 시작할 수 있는 플랫폼입니다. 하지만 앞에서 말했던 인스타그램이나 유튜브와는 조금 달라요. 둘은 '내가' 무엇을 잘하는지, 잘할 수 있는지 보여주는 방식이 조금 더 두드러졌다면 블로그는 철저하게 '남이' 좋아하는 것에 맞춰 운영하길 추천합니다.

내 콘텐츠가 마음에 들면 구독하고 보는 다른 플랫폼과 달리 블로그는 블로그를 운영하는 사람들끼리 구독하는 형태가 많아요. 네이버 블로그의 서로이웃이 대표적이에요. 또 대부분의 방문자가 네이버 검색을 통해 필요한 정보가 있을 때만 내 블로그를 찾아 들어오기 때문에 나의 개인적인 취향이나 색깔을 살리기보다 내 글에 들어온 목적을 만족시켜줘야 합니다. 그래서 하나의 블로그에서 2~3개의 완전히 다른 카테고리를 운영해도 괜찮습니다(가능하면 하나의 주제나 비슷한 주제를 운영하길 추천합니다).

블로그에 일상 게시물, 일기를 쓰는 분도 꽤 많아요. 온전히 나만 보기 위한 기록을 남긴다면 상관없지만 누군가 봐주길 원해서 쓰는 글이라면 일기 형태의 포스팅은 쓰지 않는 편이 좋습니다. 하나의 글에는 하나의 주제만 담는 것이 블로그를 운영하는 규칙이에요. 여행 게시물이라고 하면 첫째 날에 아침, 점심, 저녁, 카페, 숙소 등등 모든 정보를 하나의 글에 다 담는 경우가 많은데 그렇게 하면 방문자의 필요를 만족할 수 없어요. 전부 하나의 글로 쓰고 싶더라도 주제별로 쪼개서 개별 주제를 다루는 여러 개의 게시물을 작성하는 편이 방문자도 늘릴 수 있고, 방문자의 만족도도 더 높여요.

블로그는 여행, 정보, 뷰티, 맛집 등 일상적으로 사람들이 검색창에 검색할 만한 대중적인 주제를 잡는 게 좋습니다. 다만 제가 직접 블로그를 운영해보았을 때, 네이버 블로그는 거의 매일 글을 올리는 정도로 신경을 쓰지 않으면 의미 있는 자체 수익(애드포스트)을 얻기 어렵기에 서브 채널이나 홍보 채널로 이용하는 게 수익성이나 홍보성 면에서 가장 좋았습니다. 정말 블로그만으로 의미 있는 수익을 얻고 싶다면 네이버 블로그가 아닌 구글에서 수익을 받을 수 있는 티스토리 블로그 운영을 추천합니다.

이 3개의 대표 플랫폼 중 하나에서 자리를 잡은 뒤에는 굿노트 다이어리(PDF 형식의 전자 다이어리), 디자인 판매, 전자책 판매, 강의 제작 등 다양한 무형의 상품을 만들어 판매를 유도해보면서 부가적인 수익을 얻으면 좋겠습니다.

# 365일 지키면 좋은
# 일상 루틴

매일 지키는 습관이 있나요? 저는 생활 습관과 루틴을 만들고 지키면서 내적, 외적으로 건강한 사람이 됐습니다. 그 전에는 그저 평일마다 출퇴근하고, 주말에는 그동안 못 잔 잠을 자고 오후 늦게 일어나 대충 끼니를 때우는 것이 일상이었습니다. 개운함이나 기력은 찾아볼 수 없었고 금요일 퇴근만 기다렸죠.

하지만 유튜브 채널을 운영하면서 점점 루틴이라는 것이 생겼습니다. 주중, 주말 상관없이 매일 똑같은 시간에 일어나 하루를 시작했고, 강아지 산책을 통해 몸과 정신을 깨운 뒤 주중에는 회사 일을, 주말에는 부업을 했어요. 루틴을 만들자는 생각보다 그럴 수밖에 없어서 루틴을 따르기 시작했는데 매일 똑같은 시간에 자고, 일어나고, 산책하고, 일하다 보니 어느 순간 피곤함은 사라지고 아침에 눈을 뜨는 일이 어렵지 않았습니다. 어떤 날은 푹 잤는데도 알람이 울리기 전에 일어나기도 했죠. 피로가 사라지니 전체적으로 생기가 생겼어요. 그때 무언가 세상의 비밀을 알게 된 것 같은 느낌이 강하게 들었습니다. '루틴이 나를 건강하게 만들어주는구나!' 제가 지금 지키고 있는 루틴과 규칙은 이렇습니다.

- 밤 12시 취침, 아침 8시 기상
- 기상 직후 가벼운 강아지 산책 30분 ~1시간
- 책 30분 읽기, 일기 쓰고 업무 시작
- 오후 2~4시 만족할 만큼 배부른 식사
- 업무 종료 후 휴식 혹은 가벼운 산책

규칙

- 스마트폰과 이어폰은 가능한 한 멀리하기
- 책, 영화 시청 같이 단방향 소통이 가능한 매체 가까이하기
- 가능하면 매일 (이어폰 없이) 1만 보 이상 걷기
- (우울, 괴로움에) 혼자 집에서 술 마시지 않기
- 의미 없이 마시는 술자리 피하기
- 기상 후 이불 정리하기
- 집은 항상 깨끗이 정돈하기
- 일기를 통해 내 마음 자주 들여다보기
- 열심히 했다면 하루는 온전히 쉬기
- 일하기 싫은 날엔 억지로 하지 않기
- 항상 나를 최우선으로 하기
- 스트레스를 받았다면 원인을 제거하기

이 중에서도 제가 꼭 해보길 추천하는 루틴이나 규칙은 일찍 일어나기, 술 마시지 않기, 스마트폰 없이 걷기입니다. 저는 대체로 우울이 자주 오는 사람임에도 이 규칙을 지켰을 때 눈에 띄게 건강해지고 밝아지는 걸 느꼈어요. 술을 좋아하지만 잘 마시지 않는데, 그 이유는 슬프거나 힘들다고 그 순간을 잊기 위해 술을 마시면 취했을 때는 좋을지 몰라도 아침에 정신을 차리기 어렵고, 그에 따라 남은 하루가 망가져버려 다시 우울이 찾아오고

나쁜 행동을 반복하게 될 가능성이 크기 때문입니다. 너무 괴롭다면 차라리 아침 일찍 일어나 햇빛을 받으면서 이 상황을 돌파할 방법을 생각하는 편이 훨씬 건강하고 이롭죠.

일찍 일어나기를 좋아하는 이유는 과거의 경험 때문입니다. 야간 근무로 2주 정도 새벽 5시에 퇴근한 적이 있는데 처음에는 일도 편하고 돈은 더 받으니 좋았습니다. 하지만 계속 해가 뜰 때 집에 가니 뭔가 중요한 걸 잃어버린 듯한 기분이더라고요. 집에 돌아와 암막 커튼을 쳐둔 채로 자고 늦은 오후에 일어나니 매일 성실하게 일하고 있음에도 왠지 하루를 날린 기분이었고, 밥 시간도 어떻게 맞춰야 할지 몰라 대충 배고프면 밥을 먹었기에 건강도 많이 나빠졌어요. 시간이 갈수록 아침에 출근하고 저녁에 퇴근하는 사람들이 너무 부러웠습니다. 그제야 왜 사람들이 힘들어도 아침에 출근하는지 알게 됐죠.

그래서 그 후부터 지금까지 아침이 주는 건강함을 놓치지 않기 위해 일찍 일어나는 것을 선호하고 기상 시간을 지키게 됐습니다. 일찍 일어날수록 하루가 길어지는 기분은 덤이죠.


나만의 루틴과 습관이 생기면 그게 어떤 것이든 나를 조금 더 건강하게 만들어줍니다. 부정적 감정이 찾아오더라도 매일의 루틴이 그 감정에 깊이 빠지지 않도록 도와주기도 해요. 저축을 하는 과정에서 크고 작은 우울과 괴로움을 겪었지만 항상 빠르게 회복할 수 있었던 것도 그동안 지켜온 생활 습관 덕분입니다.

저축은 내가 정신적, 신체적으로 모두 건강해야 쉽게 무너지지 않아요.

생활을 더 생기 있게 만들어주는 여러 루틴을 일상에 적용해보면서 삶이 어떻게 달라지는지 직접 체험해보세요. 잘 만든 습관 하나로 돈 들이지 않고 행복과 건강을 쉽게 손에 쥘 수 있습니다.

# 콘텐츠,
# 무엇을 어떻게 만들까?

약 3년이라는 시간을 온라인, SNS를 활용해 일해오며 항상 느꼈던 사실이 많은 사람이 콘텐츠 제작을 너무 쉽게 생각한다는 거예요. '저 사람은 돈을 받고 음식을 먹네.' '그렇게 대단해 보이지도 않는데 최신형 가전제품, 기기를 돈 받고 홍보해주네.' 하며 부러움과 질투에 싸이기도 하죠. 하지만 저는 채널을 운영하면서 실제로 누군가에게 돈을 받고 홍보할 때 기획안 작성, 검토, 제작, 피드백, 수정 등 절대 간단하지 않은 과정을 직접 경험했습니다. 그때 겉으로 보이는 건 정말 일부라는 생각이 들었습니다.

SNS 채널을 운영하는 것은 온라인 자영업자가 되는 것과 같습니다. SNS는 가게이고, 콘텐츠는 상품입니다. 시청자는 내 상품을 구매하는 고객이겠죠. 내 가게가 인지도도 없고 위치도 좋지 않다면? 동네 커뮤니티, 전단, 이벤트 등을 통해 우리 가게가 여기 있다고 알리는 게 가장 먼저일 것 같습니다. 그런데 가게에 상품이 없다면? 아무리 많은 사람이 방문해봤자 볼 것도, 살 것도 없으니 당연히 그냥 지나치고 말겠죠.

오래 가게를 운영하면 자연스럽게 상품의 질이 높아지고, 신뢰와 노하우가 쌓이며, 단골 고객이 생깁니다. 이처럼 SNS도 꾸준하게 오래 운영할 수록 점점 더 쉽게 팔로워가 늘어납니다.

불공평하다고 생각할 수도 있겠지만 내 작은 가게는 같은 동네 가게, 인기 있는 가게, 오래전부터 자리 잡은 가게, 대기업의 프랜차이즈와도 경쟁해야 해요. 그래서 자영업도 SNS도 초보자가 살아남기 어렵습니다. 사업을 시작할 때 2년 정도 자리 잡을 때까진 돈을 벌지 못해도 괜찮을 정도의 자본이 있어야 살아남을 수 있다는 이야기를 들어본 적이 있나요? SNS도 똑같아요. 수익이 없더라도 계속 시간과 돈을 투자할 수 있어야 하고, 그 기간을 버틸 수 있는 정신력도 중요합니다.

| 특징 | SNS | 자영업 |
|---|---|---|
| 형태 | 온라인 채널 | 오프라인 가게 |
| 상품 | 콘텐츠 | 음식, 물건 등등 |
| 고객 | 시청자 | 손님 |
| 바람직한 운영 방식 | 정기적인 콘텐츠 업로드 | 규칙적인 오픈, 마감 |
| 홍보 방법 | 광고, 콘텐츠 제작, 이벤트 | 전단, 할인, 이벤트 |
| 지향 서비스 | 친절, 빠른 답변 | 친절한 응대 |
| 신뢰 확보 수단 | 콘텐츠 질, 양, 전문성, 빠른 피드백 | 상품 질·양, 전문성, 친절 |
| 경쟁자 | 같은 카테고리의 SNS 채널 | 같거나 비슷한 종류의 가게 |

자영업을 하는 전국의 수많은 사장님은 쉬는 날 없이 매일 아침부터 밤까지 작은 가게 하나 살리기 위해 죽을 힘을 다해 노력하는데, 왜 사람들은 SNS는 대충 해도 된다고 생각할까요? SNS도 죽을힘을 다해서 공부하고 노력하고 만들지 않으면 결과는 정해져 있습니다. 나보다 더 열정적으로 미친 듯이 하는 사람들은 널리고 널렸으니까요. 쉬는 것도 마찬가지입니다. 아주 잠깐은 괜찮지만 장기적으로 쉰다면 겨우 만든 단골 고객은 주변에 있는 다른 가게로 발길을 돌리고 말 거예요. 최선을 다할 수 없다면, 진심이 아니라면 처음부터 시작하지 않는 게 훨씬 좋은 선택일 수 있습니다.

SNS를 잘 운영하는 방법을 모르겠다면 우리 동네의 오래된 가게, 유명한 가게, 작은 가게가 어떻게 운영되는지 살펴보세요.그런 가게들은 매일 정해진 시간에 출근하고 퇴근하고 좋은 상품을 판매하고, 고객과 좋은 관계를 형성합니다. 실제 가게처럼 임대료나 각종 세금 부담은 없지만, SNS 채널을 만드는 데 돈이 들지 않았다고 해서 운영도 내 마음대로 하진 않았으면 좋겠습니다.

여기에 필요한 것을 하나 더 추가한다면 전략입니다. 슬프지만 노력한 만큼 결과가 반드시 따라오진 않아요. 그렇기에 여러 전략과 방법을 잘 이용해야 합니다. 어떤 상품을 홍보하고 싶다면 그냥 올려버리는 게 아니라 그 전부터 조금씩 사람들의 흥미를 끌어 관심을 가지게 만드세요. 상품에 대한 의견을 받으면서 관심을 불러일으키거나 홍보 자금을 투자해 강제적으로 사람들에게 상품을 보여주고 판매율을 높이는 방법을 사용할 수 있죠.

콘텐츠 또는 상품을 이렇게 한번 기획해보세요.

**팔로워에게 판매 빌드업해보기**

1. 이런 것 필요해요? (수요 조사, 타깃 설정)
2. 기존 상품에서 불편한 점은 무엇인가요? (개선, 보완점 찾기)
3. 이런 상품이 있으면 구매하고 싶나요? (최종 수요 조사)
4. 이런 것을 준비하고 있어요. (준비 과정 전달)
5. 이런 점이 기존에 불편했죠? 그 점을 개선하고 보완해서 이런 상품을 만들었어요. (상품 판매, 홍보)
6. 다른 분들은 이런 후기, 댓글을 남겨줬어요! (신뢰도 상승, 후기 만들기)

유튜브 영상, 커뮤니티, 인스타그램 스토리(투표, 질문), 릴스 등의 다양한 기능을 이용해서 팔로워의 의견을 수용하면 상품을 실제로 공개했을 때 훨씬 더 많은 관심을 받을 수 있어요. 팔로워가 다양한 중간 과정을 통해 내가 이 제품 제작에 직접 참여했다고 느끼고 애정을 갖게 되니까요. SNS는 소통을 기반으로 운영되기 때문에 작은 것이라도 팬들과 소통하며 관계를 끈끈하게 구축해보세요. 크리에이터들은 팔로워라는 팬 덕분에 많은 기회와 경험을 할 수 있습니다. 나를 따르고 좋아하는 팬이 없다면 아무것도 시작될 수 없죠. 나만의 작은 가게를 운영한다는 마음으로 기본부터 충실히 지키면서 채널을 성장시켜보세요.

그런데 나의 '상품'은 어떻게 정해야 할까요? 저와 비슷한 20~30대 친구들을 보면 어떤 회사에 들어갈까, 어떤 직업을 가질까보다 내가 뭘 좋아할까, 어떤 일이 의미 있는 일일까 고민하면서 내면의 자신이 만족할 수 있는 일이나 직업을 더 선호하는 것 같습니다. 저에게 찾아오는 수강생도 대부분 현재 직업은 생계를 위한 (딱히 만족스럽지 않은) 일인데 어떻게 하면 좋아하는 일을 찾고 그것으로 돈까지 벌 수 있을까 고민하다가 찾아오죠. 내가 어떤 일을 좋아하는지 모르겠다면 다음의 목록을 작성하면서 찾아보세요.

## 나의 취향 찾기

1. 나의 시청 목록은? (플랫폼, 채널명, 크리에이터명, 카테고리, 대표 콘텐츠, 구독자 수)

2. 나의 취미는? 자유 의지로 해본 것은 무엇이고, 하고 싶었지만 못했던 것은 무엇인가? (이름, 카테고리, 현재 관심도)

3. 나의 능력은? 남들만큼 하는 것, 남들보다 좋아하는 것, 남들보다 잘하는 것, 내가 이미 알고 있거나, 남들이 인정한 재능을 찾아보자. (이름, 카테고리, 현재 관심도)

4. 내가 좋아하는 채널을 카테고리로 나눈다면? (채널명, 카테고리, 좋아하는 이유)

5. 나의 관심사를 콘텐츠로 만든다면? (카테고리, 대표 키워드 1, 대표 키워드 2, 주제)

6. 상상한 콘텐츠 주제 중 대표적인 것 3가지를 골라보자. (카테고리, 대표 키워드, 주제, 선택 이유)

내가 좋아하는 콘텐츠를 적어본다면 내 일상에 당연하게 스며들어 좋아하는지도 몰랐던 것을 발견할 수도 있어요. 비슷하거나 같은 특정 카테고리의 콘텐츠를 좋아한다면 내가 직접 그 주제로 채널을 운영할 때 재밌게 운영할 가능성이 훨씬 큽니다. 콘텐츠를 제작할 때 항상 전문성을 갖출 필요도 없습니다. 남들만큼만 한다면 프로그램이나 도구, 경험을 통해 실력을 보완할 수 있으니까요.

이렇게 좋아하는 것을 찾고, 어떤 콘텐츠로 만들지 상상해볼 때 고려해야 할 점이 4가지 있습니다. 첫째, 콘텐츠의 수요(관심도)가 충분하고, 둘째, 관련 정보나 이슈가 계속 발생하며, 셋째, 장기적으로 계속 제작할 가치가 있는지, 마지막으로 내가 수입을 만들지 못한다고 하더라도 운영할 수 있을 만큼 좋아하는지입니다.

한 수강생은 취업을 준비하는 과정을 브이로그나 정보 전달 콘텐츠로 만들어야겠다고 결정했는데, 제가 보기엔 취업이 끝난 이후의 운영성이 명확하지 않았어요. 취업을 하면 그 이후에도 자신이 취업을 준비할 때만큼 취업 관련 정보에 관심이 있을지 고려하지 못한 거죠.

해당 수강생에게는 취준생에게 도움이 되는 정보가 아닌 특정 직업군에 초점을 맞춰 해당 직업을 가지기 위해 노력하는 자신의 모습이나 활동, 정보를 보여주는 콘텐츠를 추천했습니다. 그렇게 운영하면 취직을 위해 평소에 어떻게 준비했는지 이야기할 수 있는 것은 물론 꾸준 정보를 공유한 결과를 포트폴리오로 사용할 수도 있고, 회사 입장에서도 다른 사람들에겐 없는 노력의 결과물이 있기 때문에 그 수강생을 훨씬 더 높이 평가하거나 긍정적으로 고려할 수 있어요. 만약 취업이 잘되지 않았다고 하더라도 흥미 하나로 계속 채널을 이어갈 수도 있겠죠.

마지막으로 처음부터 수익을 고려하지 않았으면 좋겠어요. 회사에서도 돈 때문에 좋아하지 않는 일을 하고 있는데 밖에서까지 돈을 위해 일하는 건 너무 슬프지 않나요? 안정적인 기반을 갖출 때까지는 월급이 나를 지켜줄 테니, 좋아하고 사랑하고 하면 할수록 재밌어서 멈출 수 없는 일을 선택하세요.

# 20대에 저축을
# 해야 하는 이유

그동안 블로그를 통해 많은 글을 쓰고 전자책도 만들어봤지만 정식 단행본을 내는 건 처음이라 새로운 기분이 듭니다. 제 이름이 적힌 책이 서점에 있다는 사실이 믿기지 않네요. 저축을 시작한 순간부터 목표를 달성하고 지금에 이르기까지 시간이 순식간에 지나간 것처럼 느껴집니다. 제 생활 자체는 저축을 시작했던 때와 크게 다르지 않아 보이지만, 사실 저라는 사람은 물론 제 주변 사람들까지 완전히 다른 삶을 살게 됐습니다.

저축을 시작할 당시에는 적당히 모으고 쓰면서 남들처럼 인생을 즐기라는 사람들이 많았는데 시간이 지나고 보니 저축 노하우를 전하고 조언해주는 선생님으로서 저를 불러주는 곳이 많아져 신기할 따름입니다. 지금 저는 어딘가에 소속되지 않고도 자유롭게 일할 수 있기에 매일 날씨가 가장 좋은 시간에 나가 명당에 돗자리를 깔고 누워 하늘을 보거나 작업을 하면서 시간을 보내고 저녁이 되면 집으로 들어가는 일을 반복하고 있습니다. 이렇게 온전히 날씨를 즐길 수 있는 생활이 꽤 마음에 듭니다. 3년 전에는 꿈조차 꾸지 못했을 삶이 지금은 일상이 됐고, 매일을 즐기며 무엇을 할지 직접 선택할 수 있다는 데 감사해요. 이럴 때마다 저축하길 정말 잘했다며 과거의 저에게 칭찬을 보내주고 있죠.

저축을 하면서 통장에 잔고를 쌓는 게 재밌기도 했지만 사실 그만큼 감정적인 어려움도 컸습니다. 그 어려움과 그것을 이겨내는 방법이 책에 잘 표현이 됐을지 모르겠네요. 돈을 모으는 방법은 1부터 100까지 너무 쉽게 말할 수 있어요. 하지만 제가 느끼기에 그것은 빙산으로 치면 겉으로 보이는 아주 작은 부분이에요. 돈을 모으는 동안 우리는 보이지 않는 곳에서 자신과 수많은 싸움을 치러야 하죠. 저도 살면서 저축을 하라고만 들었지 저축을 하면서 느끼는 수많은 혼란과 감정에 대해서는 한 번도 들어본 적이 없었어요. 생전 처음 겪는 감정들 속에서 헤엄치며 어떻게든 수면 위로 올라오기 위해 다양한 시도를 했습니다.

그럼에도 항상 저축을 해서 정말 다행이라고 생각합니다. 그리고 그 저축을 20대 초반에 시작해서 정말 운이 좋았다고 느끼죠. 계속 말하고 있지만 저축을 하기 가장 좋은 시기는 나와 내 가족, 소중한 사람들이 모두 건강한 삶을 살고 있을 때예요. 이 시기를 놓치지 않았으면 좋겠어요. 나는 영원히 젊지도, 건강하지도 않을 거라는 사실을 알고 있잖아요. 가장 돈을 쉽게, 많이, 다양하게 벌 수 있을 때 저축을 시작하고 도전하세요. 처음에는 왜 이렇게까지 해야 하는지 내면의 갈등이 많겠지만 나중에 분명 과거의 자신에게 감사하게 될 것입니다.

　저축만으로 부자가 될 수는 없어요. 저축은 굉장히 정확하게 이자가 붙고, 저축한 돈만큼만 잔액이 쌓이니까요. 만약 저도 월급을 절약한 금액만 저축했다면 지금 목표 금액의 절반 정도밖에 모으지 못했을 거예요. 하지만 단기 수익이 아닌 장기적 관점에서 돈을 본 순간부터 제 인생의 방향도 바뀌게 됐습니다. '당장 많이'가 아닌 '장기적으로 계속' 모으는 게 중심이었기 때문에 남들이 쉽게 생각하지 못하고 도전하지 못하는 것들로 시선을 돌리게 됐죠.
　대단한 일을 할 필요도 없어요. 그냥 지금의 내가 큰 자본 없이 한번 만들어두면 적은 돈이라도 계속 벌리는 방법이 무엇인지 생각해보세요. 조금만 시야를 넓혀도 보이는 것들이 달라집니다. 꼭 부수입을 올릴 필요도 없어요. 직장에서도 어떻게 하면 매번 반복되는 작업을 줄일지, 효율을 높일지 생각해보면 좋습니다. 그래 봤자 회사 좋은 일이라고 생각할 수 있지만, 지금의 자리에서 누구도 대체할 수 없는 존재가 됐을 때 나에 대한 대우가 달라진다고 생각해요.

저는 이 책을 읽는 모든 사람이 돈에서 자유로워지길 진심으로 바랍니다. 가는 길은 험하고 쉽진 않겠지만 노력에 따른 결과는 반드시 나타난다고 믿어요. 어떤 것에도 방해받지 않고 자신이 하고 싶은 일을 하며 행복하게 살아갈 여러분의 삶을 응원하겠습니다.